JN216145

この世界の私を
そこから見たら

CHIE

絵・のぶみ

講談社

もしも、あなたの目に映る常識、
それらが本当はなかったとしたら？

真実は
あなたの目には
見えないところにあります。

見えていないだけで、そこには光があります。
見えていないだけで、そこには想いがあります。

見えないところで、
今も誰かが見ています。
このあなたを、この夢物語を。

第1章

1 不幸なことなんて何一つない
死んだおばあちゃん、現れる …… 10

2 お金はとどまるものじゃない
おばあちゃん、お金の教え …… 21

3 私たちは霊的体験などしない
私、死んじゃう …… 34

4 人生は終わらない
あの世の世界 …… 44

5 この世に偶然はない
あの世で出会った霊たち …… 57

6 現実は一つじゃない
それぞれのテーマ …… 68

7 人生は一人では進まない
主人公と脇役 …… 89

8 何もないところに感動は生み出せない
私、無事帰還 …… 96

第2章

①運は存在しない
嫉妬の先にあった本当の私……112

②前に進むのに勇気はいらない
私、それでも道に迷う……122

③いのちは一人だけのものじゃない
死者の最後の願い……134

④大切なものは変わらない
さよならのとき……157

⑤あなたに間違いはない
4月23日、昼下がり……165

……172

本書は書き下ろしです

カバー作画・挿絵／のぶみ　装丁／小林昌子

第1章

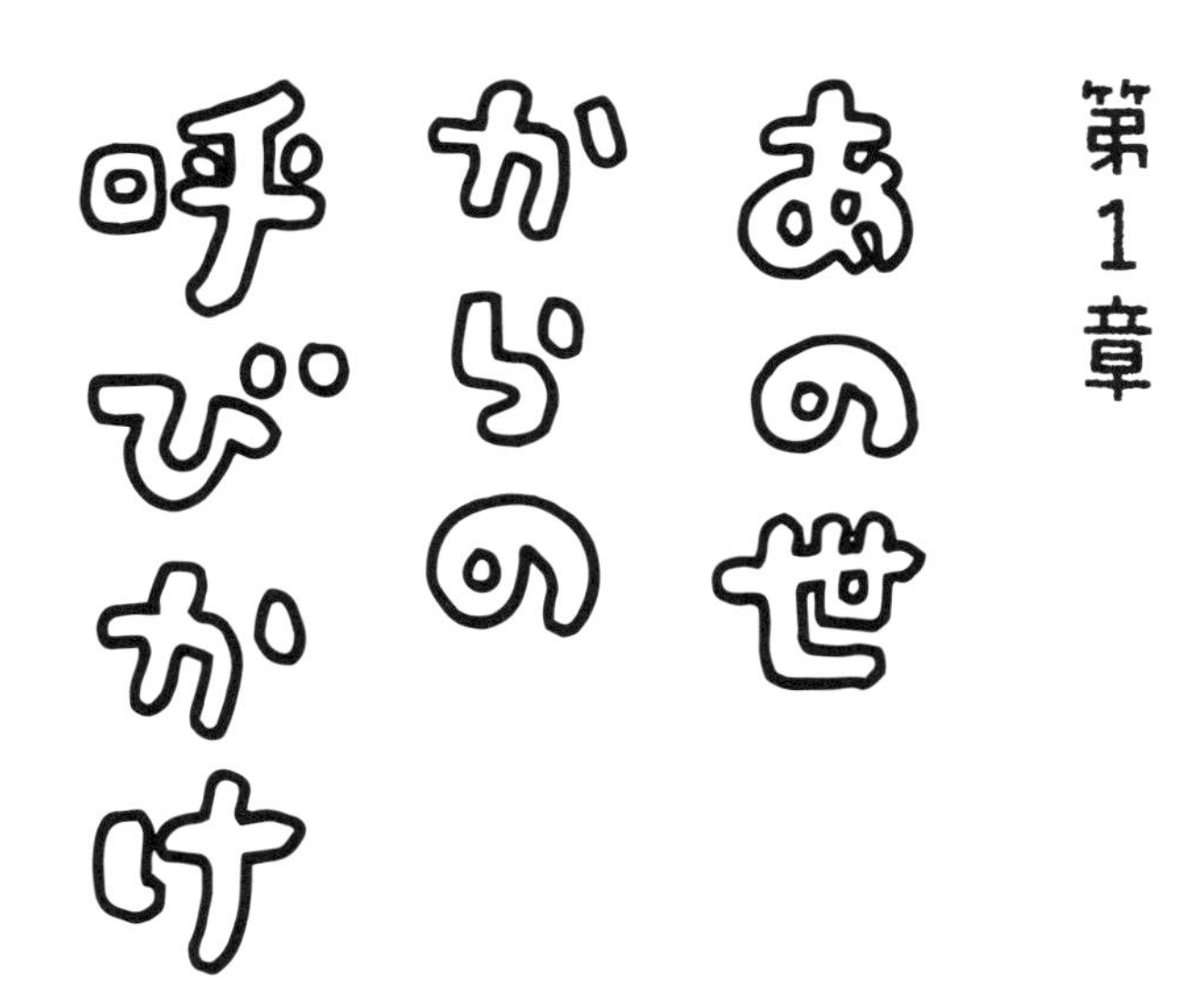

第1章

1 不幸なことなんて何一つない

死んだおばあちゃん、現れる

こんなとき、おばあちゃんなら何て言うだろう。

私が困っているといつも必ず助けてくれて、私の願いなら何でも叶えてくれて、私のことを世界でいちばん愛してくれた、おばあちゃんの優しい目を思い出していた。

22歳という大人の私に対する社会の目は、何をしてもどんな状態でも、私を甘やかしてくれたおばあちゃんとは違い、厳しく、まだ完全に大人になりきれていない弱々しい私のことを容赦なく追い込んでいく。

大学を卒業してやりたいことがみつからず、なんとなく義務のように就職をしたものの、長くは続かずすぐに辞めてしまった。告白されて半ば強引につきあわされた彼氏にも愛想を尽かされ、結局は捨てられた。ずっと目の前で起こることに流されながら生きてきた私だが、このまま何もせずにいたら貯金が底をついて家賃を払えなくなってしまうかもしれない。しかし、今の私は人生にほとほと疲れていて、何かをしようとする気力も湧かなかった。

自分は何のために生まれてきたのだろうか。誰にも求められず、何の役にも立たない無価値な自分に生きている意味なんて見出(みいだ)せなかった。こんなに狭いワンルームの中でさえ居場所がみつからず、隅に押しやられたベッドの上で身を小さくする。ベッドの横にある机の上には、買っても読まなかった自己啓発書とアルバイト募集のチラシが一緒に積まれ、その奥に置かれた写真立ての中から「あらあら、こんなになっちゃって」と言い出しそうな

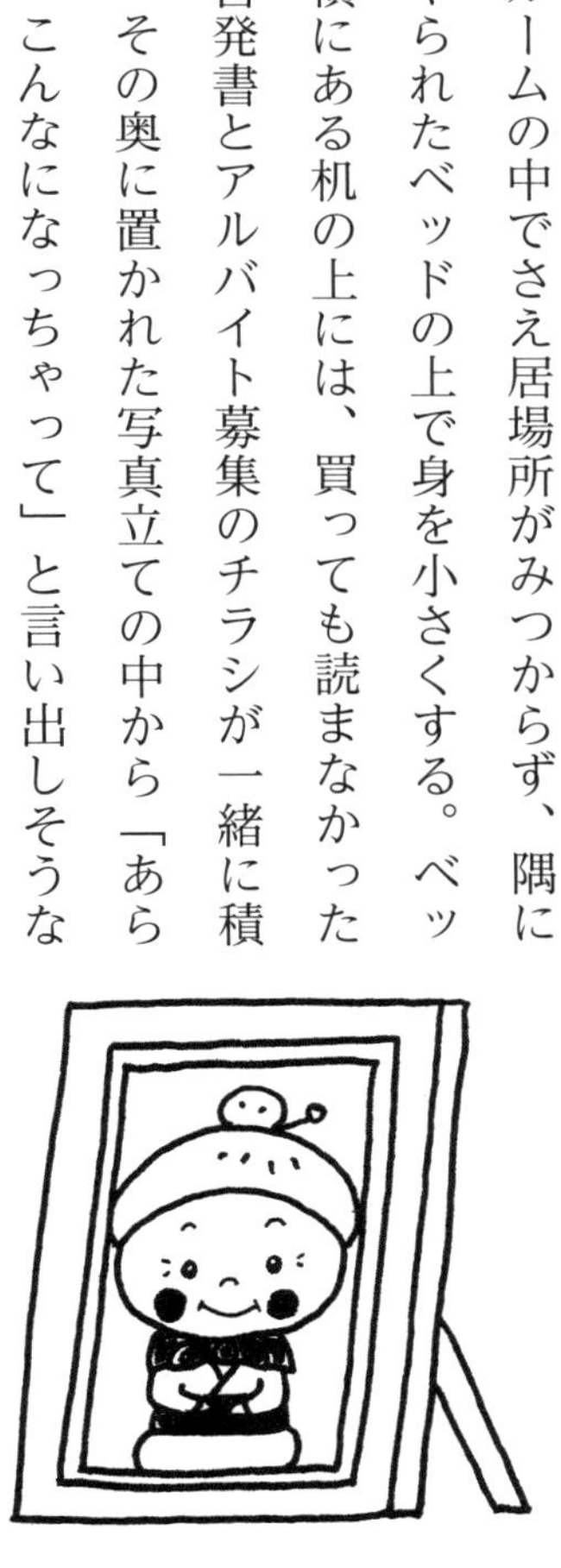

おばあちゃんが笑顔を覗(のぞ)かせていた。

朝から晩まで仕事ずくめで忙しかった両親の代わりに、私を育ててくれたのはおばあちゃんだった。

おばあちゃんは結婚して早くに旦那を病気で亡くし、その後女手一つで、私のお母さんを育てたたくましい女性だった。小学校に上がる前から高校を卒業するまで、私は親元を離れ、おばあちゃんに預けられてずっと一緒に暮らしていたが、おばあちゃんが落ち込んだり焦ったりしている姿を見たことが一度もない。いつも陽気で、銀が被せられた奥歯が見えるほど大きく口を開けてニカッと笑っている印象だった。

おばあちゃんのその明るさは近所の人々を惹(ひ)きつけ、おばあちゃんの家には毎日、誰かしら知り合いがやってきた。人生経験の豊富なおばあちゃんは、みんなの悩みを聞き、頼れる相談相手といった感じだったが、人々がおばあちゃんに信頼を寄せる理由は他にもあった。

おばあちゃんはとても変わった人で、未来を予知したり、目に見えないものが見えているような不思議な特技を持っていた。

予知といっても決して恐ろしいものではなく、近所のパン屋のお姉さんが再婚相手を家に連れてきたときには、

「あの男は口の周りに3つもホクロがある！　色気があるから気をつけな」

と失礼なことを言ったり、妻に内緒で貯めていたへそくりを失くしてしまったと八百屋のおじさんが駆け込んできたときには、

「あんたはうっかり者だからね。きっといちばんなさそうなところにあるさ。湿布の入った袋の中とかね」

など、どれもいい加減そうなものばかりだったが、おばあちゃんの言うことは本当だった。パン屋のお姉さんの再婚相手は他に3人の女性と浮気をして出ていってしまったし、八百屋のおじさんのへそくりも、何故だか湿布の袋の中

からみつかった。確証はとれなかったが、幼なじみの大ちゃんが飼っているポメラニアンを見たときには、「こいつは犬じゃないよ、自分のことを猫だと思っている」なんてことを言っていたが、あとから聞いたところによると、犬なのにまたたびに異常に反応したらしいし、どことなく猫背に見えた。

おばあちゃんの不思議な特技を、また適当なことを言いやがって！　と半信半疑で馬鹿にする人もたまにはいたが、その人もまた他の人と同じように、自分に困ったことがあると藁（わら）をもすがる思いでおばあちゃんの家にやってきて解決していたし、みんな心のどこかで、このばあさんはすごいと思っていた。

私はそんなおばあちゃんが誇らしかったし、おばあちゃんがよくしてくれた生き方の話や、目に見えない世界の話が大好きだった。

「人生ってのはね、全部夢みたいなもんなんだよ。お前さんも今、ただ夢を見ているだけさ。だから失敗しても、うまくいかなくても、何も怖がる必要なんてないよ。せっかく夢を見させてもらってんだから、自分でいろいろ遊んで楽

しんでいないとね。おばあちゃんはただ、その遊び方がうまいのさ」

おばあちゃんはこのことを口癖のようにいつも言っていて、その遊び方を実際に見せてくれた。

中でもいちばん印象に残っているのが、おばあちゃんと電車に乗って都会の動物園に行ったときのこと。当時小学1年生だった私は、サービス精神旺盛なサルやゾウにまんまと心を奪われ、人込みをかき分けて柵の最前列ではしゃいだ。喜ぶ私の顔を見てうれしくなったのか一緒に楽しんでいると、おばあちゃんは気を抜いて財布の入ったバッグごと失くしてしまった。

「どうするの！　おうちに帰れなくなっちゃったじゃん！」

泣きながらおばあちゃんを責め立てる私に、おばあちゃんは相変わらずのんきだった。

「なぁに大丈夫さ。動物を見るのにお金はかからないだろ？　まだ時間があるから遊ぼう」

そう言ってニコニコしながらライオンを見にいった。しばらくして夕方になると、いいタイミングで幼なじみの大ちゃん家族とばったり遭遇し、事情を説明したところ、車に乗せてくれて家まで送ってもらえた。財布を持っていないせいでお土産のキリンのぬいぐるみを買えなかったのは残念だったが、おばあちゃんの言うとおり、無事家に着けたことがありがたかった。そして翌日には、動物園の作業着を着た男性が家にやってきて、「失礼ですが財布の中を見たら、カードに書いてあった住所がうちの近くだったので……」と、ご丁寧にバッグを届けてくれた。しかも、バッグの中を見ると財布の横には、何かの手違いでキリンのぬいぐるみも入っていた。

信じられない奇跡の連続を目の当たりにして、驚いている私の顔を横目で見たおばあちゃんは、

「ほらね、夢なんだからいいことしか起きないのさ」

と笑って、いつものように奥から見える銀歯を光らせていた。

おばあちゃんと一緒にいると、私はどんなことが起きても絶対に大丈夫だと安心していられたし、毎日がすばらしい夢を見ているかのように幸せだった。しかし、夢は永遠には続かなかった。

大学に入学してすぐの春、おばあちゃんが亡くなった。

おばあちゃんの人生が終わりを迎えたのと同時に、私の人生も終わったも同然だった。とにかく悲しくてつらくて、どんなに素敵な場所に行っても何も入ってこなかったし、心がまったく反応しなかった。友だちと会話をしているときも、頭の中に何かを入れようとするとそれを拒むように、とてつもない絶望感とさみしさが襲ってきて逃げることができなかった。

おばあちゃんの人生は幸せだったのだろうか。旦那に先立たれ、本当はたくさん苦労をしていたはずだ。足りないことはなかったけれども、おばあちゃんは決して裕福ではなかった。やっと娘が巣立って自分の人生を生きていけると思ったら、こんな孫の世話を押しつけられる羽目になって……。私はおばあちゃんが楽しそうにしているところしか見ていないけれど、おばあちゃんだって周りの状況に呑み込まれて、きっと不幸だったに違いない。そのことをなんでわかってあげられなかったのだろう。おばあちゃんのことを考えると、胸がぎゅっと押しつぶされて、とめどなく涙が溢れた。

私はおばあちゃんがそばにいないと、何もかもすべてがうまくいかない。

「人の人生を不幸と決めつけるなんて……！　まったく、お前さんは失礼な孫だねぇ！」

ふわっとした優しい風が吹き、懐かしい声が届いた。その声にハッとして顔を上げると、幻想的なまばゆい光に包まれて人が立っていた。

「おばあちゃん!!!」

死んだはずのおばあちゃんが、今私の目の前にいる！　その瞬間、私の全身の細胞たちが歓喜に震えた。枯渇した大地に潤いがもたらされたように、頭のてっぺんからつま先まで、張り裂けそうな勢いで喜びが満ち渡っていき、状況を理解するよりも先に身体が反応して、目の前にある奇跡に身をのり出した。

おばあちゃんと話したい、私はおばあちゃんに聞きたかったことが山ほどあるんだ。

「あのね、おばあちゃん、私……」

言いかけた途中でおばあちゃんはゆっくりと目を閉じ、首を横に振った。

「言わなくても全部知っているよ。お前さんのことはずっと近くで見ていたよ」

おばあちゃんの言うことがうまく呑み込めなくて、動揺した。

「おばあちゃんの、ゆうれいなの？」

「ゆうれいなんかと一緒にしないでおくれよ！　おばあちゃんは、霊だよ」

興奮する私と対照的に、おばあちゃんは冷静だった。床に手をついてゆっくりと座り、いつもと同じ格好で背中を丸め、いつもどおり、感動の再会に似つかわしくない。死んだことがウソのようだった。

「人間はね、みんなこの世に生まれる前に、育つ場所や時代、性別、どんなことを経験するか、死ぬタイミングまで全部自分で選んで生まれてきて、そのとおりに生きているんだよ。だから今、そこにいることも含めて、すべての願いが叶っている。不幸なことなんて何一つないんだよ」

おばあちゃんはそう言うと、目の前に顔をぐんっと寄せ、私の頬をつまんだ。

「お前さんは世界一幸せな子だよ。これから大切なことを教えてあげるよ」

第1章

2 お金はとどまるものじゃない

おばあちゃん、お金の教え

呆気（あっけ）にとられて、おばあちゃんの言っていることがまったく理解できずにいた。

仕事を辞め、彼氏に捨てられ、不安を抱えながら孤独の渦中にいる私が幸せなんて……。それにこんな人生を自分で選んで生まれてきたとは、どうしても信じられなかった。

願わくば、生きがいとなる仕事をみつけたいし、心から愛せる恋人にも出会いたい。

「だからお前さんは生きがいをみつけられない仕事を辞めて、心から愛せない恋人と別れたんじゃないか。人生は絶対に、いいほうに進んでいる」

「でも、私は仕事を辞めて恋人と別れても全然幸せになれていないよ」

「幸せはなるものじゃなくて、感じるものだ！」

口答えをする私におばあちゃんは少しイラついた様子だったが、イラつきたいのはこっちだ。今の私の状況で幸せを感じようとしたって無理がある。

感動の再会から一変、不穏な空気が流れそうになっておばあちゃんが沈黙を破った。

「例えば天国の絵を描くとき、天国を想像しながら描くだろう？　人はね、描きたいものを思い浮かべていないと描けないんだ。地獄を想像しながら天国の絵が描けるかい？」

頭の中で地獄にいる悪魔をイメージしながらその場で指先を動かそうとしてみたが、指先の動きが脳に支配されて止まってしまった。無理やり指先を動かして天国にいる天使を描こうとすると、頭の中は天使の映像に切り替わってしまう。

「できない……」

「そうだろう？　思考と現実はいつも一緒なんだ。だから幸せに生きたいなら、頭の中はいつもいいことを思っていなきゃ」

「悪いことが起きても？」

「**起こることには全部意味がある**」

「意味？」

「あぁ、そうさ。すべてにいい意味があって気づくきっかけなのに、そのきっかけを人はすぐに不幸と決めつけたり、勝手に運のせいにしたりするんだ」

「いい意味なんて、なにもなかったよ」

言葉に出すと、過去の不幸な出来事が走馬灯のように浮かんで苦しくなった。

「自分が不幸だと思うと、胸の奥が苦しくなるだろう？　目には見えないけれ

ども、痛むのは、お前さんの中に宿っているたましいが傷つけられているから
なんだ」

「もう、こんなに苦しみたくないよ」

「それならもう、自分の人生を不幸だと思うのはおよしよ。自分で選んで生まれてきた人生を悪く思うのは、たましいを傷つける行為なんだ」

おばあちゃんはそう言うと、私の胸に手を当てて話を続けた。

「自分のせいにしたり、誰かのせいにしたり、**本当の望みと違うことをするとたましいは痛むんだ。痛みや違和感は、そうじゃないよって知らせてくれているサインなんだよ**」

おばあちゃんの言葉を聞いていると胸の痛みは徐々に鎮まり、気持ちが安らいでいった。これは、本当の話を聞いているからなのだろうか。

「就職する前だって、恋人ができたときだって、どこか苦しさがあっただろう？　たましいは正直だからね。最初から全部わかっているんだよ。全部、思

ったとおりになる」

「自分で選んできた人生なのに、全部わかっていたことなのに、苦しいと感じるのはどうして？」

「それはたましいの望んでいないことが目の前に起きているのに、その苦しみに蓋（ふた）をして生きようとするからだよ。でも結局は、やっぱりこれは本当の望みじゃなかった、ってあとから気づくんだ。いいかい、**思いはつながるんだ**」

「でも、そのときは私だって、これでやっと幸せになれるって前向きに思っていたよ！」

「大事なのは今、この瞬間の思いだ。未来や過去に向けての思いはただの理屈にしかすぎない。そのときに立ち返って、どんな思いを抱いていたか、覚えているかい？」

「幸せになれるって思っていながら、まったく幸せを感じていなかった」

「そうさ、**幸せになれるって思った時点で今、幸せになれていないという思い**

を抱いている。その思いが、そのとおりの現実をつくり出しているんだ」

なんだかよくわからなくなって、めまいがしてきた。今まで私が思って生きてきたことはすべて間違いだったのだろうか。

「人生に間違いはないよ。だって、全部自分で選んできたことだからね。どんなことを思っても、どんな道を選んでも、どんな状況にいたってすべてが正解なんだ。間違いは、これは間違いだったって気づくための間違いで、正解だったんだ」

ああああああああ――――!!!　もうっ!!!

自分の言いたいことがおばあちゃんにはまったく伝わっていないようで、もどかしくて、大声で叫びたくなった。おばあちゃんの言っていることを理解しようとすればするほど、思考がこんがらがってしまう。余計なことを思うなと言われても無理だ。人間はいつも何かを思っていないと生きていられないんだ。

「そうやって何かについて想像することは、人間が持っているいちばんの力だよ」

「……っ、じゃあお金！　お金はどうして手に入らないの!?」

そうだ。幸せについて討論したって、だいたい幸せって形のないものだからわからなくなるんじゃないか。それなら形のある、お金ならどうだ。屁理屈だったら負けない。

「……お金は簡単に手に入らないって思っているからじゃないか。ほら、つながった」

ぐぅの音もでない。考えてみれば、私のこの理屈っぽさはおばあちゃん譲りだった。

「例えば、お金がほしくて神社へ行ってお金持ちになれますようにってお願いをするとき、頭の中で、お金のない自分を想像しているだろう？　何かを買うためにお金を出すときも、あぁまたお金が出ていった……って悪いことのよう

に思ってしまうだろう？　思いはつながるから、悪いことを思い抱いていると
そのとおりの現実を迎えてしまうんだ」
「じゃあどうしたらいいの？」
「簡単なことさ。お金を出すとき、お金が出ていくことよりも、そのお金で手
に入るものを思うんだよ。喜びながらお金を出せばいいのさ」
「お金がない状態でお金が出ていくのを喜べないよ」
「お前さんが着ているその洋服は、自分で好きなものを選んで買ったんだろ
う？　好きなことに使っているのに、なんで喜ばないのさ」
「誘われた飲み会に行くお金がなくなるから」
「飲み会にお金を使うのは好きなことかい？」
　普段お酒を飲まない私にとって、飲み会は苦痛だった。ほとんどがつきあい
で仕方なく行っていたし、酔っぱらった誰かの愚痴を聞いて堪えたのに全員が
同じ分のお金を支払わなければならないのには正直不満があって、できれば行

きたくなかった。

「そうやって好きなこと以外にお金を使っているからお金がなくなるんだよ。好きなことに使って、お金を出すときにいい気分でいればいいんだよ。いい気分になれないときはたましいが反対しているときなのだから、もう一度考え直してみるといい」

「でも、家賃とか税金とか、生きているとどうしても出さざるを得ないお金もあるよ」

「じゃあ家賃を滞納したら、お前さんはどう思う？　脱税したらどんな気持ちになる？」

「悪いことをしているような、嫌な気持ちになる」

「だったら、払ったほうがいいよってたましいが教えてくれているんだよ。あと第一に、そのお金を搾り取られるって考えはよしたほうがいいね」

おばあちゃんは自分の左手を丸め、筒のような形にして説明し始めた。

「お金が出ていくことは悪いことじゃないよ。お金に対する考え方はね、こんなふうに筒のようでなければならないんだよ。底をふさぐと入る量も限られてしまうだろう？　どんなに出ていくのを抑えたって、どんなに入ってくるようにがんばったって、握れる量は一緒なんだよ。豊かになりたいならこの筒、お金に対する考え方を広げないと何も変わらないよ」

そう言われて金銭的に豊かな人を思い出すと、みんなどこか金銭感覚がおおらかな気がした。収入も多いけれど、そのぶん支出も多い。出ては入っての繰り返しで循環している。

「確かに、豊かな人はお金が動くことに対して寛容かもね」

私の言葉におばあちゃんは目を細めて頷き、話を続けた。

「お金は流れて動くものであって、とどまるものじゃない。もし、お金の流れが止まってしまったら、手元にいくらあったって価値や魅力を感じなくなる。停滞しているものに、人はいい思いを抱かないんだ。そしてその思いがお金の沈滞につながる。この繰り返しなんだよ」

おばあちゃんの言うとおり、私はお金が出ていくことが怖かった。この感情が現実に反映していたのだろうか。

「お金が出ていくことが悪いと思っていたけど、そうじゃないんだね」

「出ていくのも入ってくるのも自然なことさ。呼吸のようにね、出して、入れて、循環する動きを止めてはいけないんだ。制限された中で豊かに繁栄するものはないだろう？」

おばあちゃんの口から放たれた、制限という言葉が私の胸に引っかかった。

「制限なくお金を使っている人なんているのかな……」

「金銭的に豊かな人はみんな制限がないだろう？」

「それは、お金があるからでしょう」

「いいや、違うよ。豊かな人はお金を得た結果、制限がなくなったんじゃない。元々お金に対して制限する考えがなかったから、豊かになったんだよ」

とんでもない理論だが、おばあちゃんの言葉には迷いがなく、あまりにも淡々と語るものだから次第に反論する気も起きなくなってきた。

「……私も豊かな人になれるかな」

「豊かな人とそうでない人の違いは、お金を使う自分に価値を置いて動けている人か、お金そのものに価値を置いて動けなくなっている人か、ただそれだけの違いだよ。すべての現実をつくっているのは自分なのさ」

おばあちゃんの言うことは根拠がなかったし、すべてを納得するのにはまだ時間がかかりそうだが、お金に対する怖さは少しずつほどけてきた。人生に対する怖さもお金と同じように、考え方次第なのだろうか。

「でもその考え方を変えるのが難しいんだよ」

独り言のようにボソっと、私の口から愚痴が漏れた。

「まぁそのお金に対する概念も、今お金がないという状況に置かれていることも、全部に意味があって、なるべくしてそうなっているんだがね。お前さんはまったく、物質的な価値観にとらわれすぎだよ。どうだい、ちょっと他の視点から物事を見てみないかい？」

「他の視点？」

「そう、あの世の視点でこの世を見てみるのさ」

おばあちゃんはそう言ってニカッと笑った。このときの奥歯の銀の輝きは、恐ろしいほど眩しかった。

第1章

3 私たちは霊的体験などしない

私、死んじゃう

おばあちゃんの銀歯から射した光があまりに眩しくて、思わず目をつぶった。次の瞬間、ドスンッと重たい衝撃が腹部に走った。その衝撃に押し出されるようにして、何かのかたまりから勢いよく、飛び出ていく感覚がした。

「……っっわあ!!!」

一瞬の出来事に何が起きたのかまったくわからず、反射的に閉じた目を恐る恐る開けると、目に映る情景はなおさら理解しがたいものだった。

「……め、目の前に私がいるっ……えぇぇぇぇドッペルゲンガー!?!?」

「なんだい、その面白い外国人の名前みたいなのは。こいつはね、外国人じゃなくてお前さん自身だよ」

　おばあちゃんはそう言うと、目の前に横たわる私の身体をさすって揺らした。私の身体がさすられているのに、私は何も感じない。私によく似た誰かが起きていることを見ているように他人事(ひとごと)で、完全に分離していた。ふと自分のほうに目をやると、身体から光が出ていて、きらめく粒子があたりをとりまいていた。

「……えっ、私、もしかして死んだの？」

「一時的にね」

　おばあちゃんはからかうように身体の前で十字を切り、手を合わせながらウインクをした。

「信じられない！　孫を殺すなんてどうかしてる！」

　私は声を張り上げた。

「物騒なことを言うんじゃないよ。一時的に、死なせただけだろう？」

「死んだも同然の人生だったけど、こんなにもあっけなく死ぬなんて、悲しいよ」

「そうだろ？　人生はあっけないのだから、大切に生きなきゃなのさ」

「そういう話をしているんじゃないの！」

怒る私をからかうように、おばあちゃんはケラケラと笑っていた。

「おばあちゃん、私、死にたくないよ（死んでるけど）。死ぬのが怖いよぉ」

「なんで、怖いんだい？」

「すべてがなくなっちゃうから、すべてが終わっちゃうからぁぁぁ…………ん……あ？」

ボロボロと零（こぼ）れ落ちる大粒の涙を拭（ぬぐ）いながら気がついた。私は今、泣いている。私は今、悲しんでいる。私は今、ここにいる。私は今、すべてがなくなっていない！

「そうさ、**死んだら終わり、じゃないんだよ。たましいは、ずっと生き続ける**

んだよ」

そう言っておばあちゃんは目の前にいる私（の抜け殻）の肩と、私の肩に手を置いた。

「目の前にいるお前さんと、今のお前さん、どっちが本当のお前さんだい？」

「こっち」

自分の胸を指さして答えた。

「あぁ。だから**人間は死んだら霊的体験をするってよく言うけど、あれは間違いだ。本当は霊的存在が、人間体験をしているんだ。**お前さんのたましいが、お前さんの肉体に入って、体験していただけのこと。この世は仮の世。自分を試す場なのさ」

――人生ってのはね、全部夢みたいなもんなんだよ。お前さんも今、ただ夢を見ているだけさ。

いつかおばあちゃんが教えてくれた言葉が、奥のほうで響いた。

ふと、おばあちゃんはなにかを思いついたように、机の上に散らばっていたアルバイト募集のチラシと鉛筆を手に取った。チラシを裏返すと白紙になっていて、そこにリンゴの絵を描いた。

「人間だとわかりづらいから、リンゴで考えてごらん。リンゴには果肉があって、中に種があって、周りはリンゴの香りをまとっている。これを人間に置き換えると？」

「果肉は肉体で、種がその、たましい？　で、香りは感情とか？」

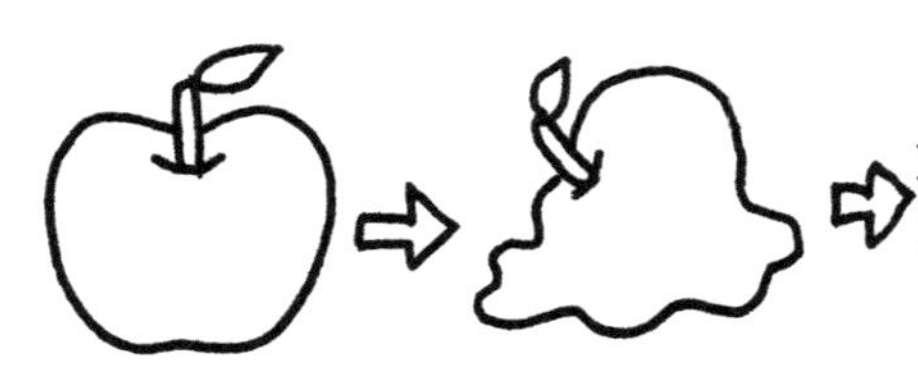

「そうさ。感情の代わりに、昔の人はそれを気と呼んでいたんだよ」

「目には見えないけど、放たれているエネルギーのことかな」

「リンゴはそのまま放っておくとやがて朽ちる。果肉が完全になくなると、香りと種だけが残るだろう。そして香りもしばらく経つと消える。香りが完全に飛んで、種だけになってから土に埋めると、また新しい芽を出してリンゴが実る。でも新しく実ったリンゴは、前回のリンゴとまったく一緒ではないだろう？　色も形も、前とはちょっとずつ違うものになるんだ。人間も一緒。**たましいは容れ物を変えて、永遠に存続するんだ**」

私は、私という容れ物に入って、私の夢を見ていた……。そんなこと、すんなりと受け入れられるはずがなかった。私の人生はいつだって初めてのことの連続で、誰かの人生の続きを生きているかもしれない、と感じたことは一度もない。

「まぁ、種にはいろいろと種類があるからね。種だけを並べてみても、どれが何の種だかわからない。種自体も、自分はどんな芽を出すのか、いつ花を咲かせるのかわからないんだ」

それに、私は死んだ。おばあちゃんに殺された。たとえこのたましいが永遠に存続するとしても、次に生まれ変わるときには私の記憶はすべてなくなっているかもしれない。

頭の中はひどく悲しい想像でいっぱいになって、おばあちゃんの話が途切れ途切れにしか入ってこなかった。それでもおばあちゃんは私に構わず話を続けた。

「他の種が芽を出して、それと同じふうに真似をして努力してみても失敗するときがある。他の種の花が咲いて、それに嫉妬して自分はなんでうまくいかないんだろうと悔しくなるときもある。でも落ち込んだり自分を責めたりする必要なんてないんだよ。種はみんな違って、咲く方法も、咲く時期も、みんなバラバラなんだから」

私はどこにでもいる、誰の目にも触れないタンポポのような人生だ。いや、花弁を持とうとするなんて贅沢で傲慢(ごうまん)だ。きっと私は野草だ、人に迷惑をかけて嫌われる毒草みたいだ。どうせならヒマワリみたいに大輪の花を咲かせて誰かに元気を与える人生がよかった。バラみたいに美しく、手入れの行き届いたところで、大事にされてみたかった。私は何故、そんな人生を選ばなかったのだろうか。

「どんな種もちゃんと花を咲かせるよ。その人らしい花をね」

私の脳は呑み込みが遅い。そういう情けないところも含めて全部、とにかく自分という存在が嫌で仕方なかった。

「だから試練も課題も全部、自分で選んで生まれて……」

そのとき、流れの悪い排水溝の詰まりの原因を探し当てたときのようにハッとした。

「それだっ、そこっ！」

咄嗟(とっさ)に声を出し、おばあちゃんの話を遮った。私はまだそこが充分に理解できていない。自分で選んで生まれてきたというその一点が、どうしても私の理解の流れを止めるのだ。

「こんな人生を、自分で選んで生まれてきたなんて信じられないよ」

「信じられなくたって、それが真実だよ」

「だったら、真実を確かめたい。証明してよ、おばあちゃん」

おばあちゃんは腕を組み、眉を寄せて深く考え込んでいる様子だった。

「お前さん、覚悟はできているんかね」

心臓がどくんっと、大きな音を立てた。

私はこれから、本当の死に向かっていく。やり残したことはたくさんあるし、とても怖い。しかし、怖さよりも真実を知りたいという思いのほうが強かった。今ここで人生が終わったとしても、真実を知れたことによって、自分の人生にやっと意味を持てるような気がした。

「おばあちゃん、今までありがとう。私は精一杯がんばった、もう悔いはないよ」

本音ではなかったが口に出すと不思議と達成感が込み上げてきて、千秋楽のフィナーレを迎える主演女優のような気分になった。

「いや、そうじゃないよ。お前さんはまだ、半れい前だからね。一れい前を見せてやる」

「……え？」

次の瞬間、ピカーッとまた眩しい光が私を照らした。さきほどの光よりもはるかに強い。愚かな私の頭上をめがけて、太陽が落下したのではないかと思うほどの眩しさと熱さで、意識が遠のいていった。

あぁ、また光……次は何が待ち受けているのだろう……。

4 人生は終わらない

あの世の世界

「ほら、そろそろ起きなさい」

おばあちゃんの声に意識を引き戻されてゆっくりと身体を起こすと、そこでは天と地の境目がなく、浮かんでいるような感覚になった。美しく広がる濃紺の夜空には宝石をちりばめたように、鮮やかな光を放つ無数の星たちが互いに呼応して瞬いていた。

「ここはどこ？　宇宙？」

「ここはね、あの世だよ。お前さんには宇宙に見えるんかい？　へぇ面白いねぇ。おばあちゃんに見えている景色とはまったく違うんだねぇ」

「おばあちゃんにはどう見えているの?」

「そうだねぇ……湯畑みたいだねぇ」

不意を突く回答に吹き出しそうになった。

「ある人は花畑みたいだって言ったし、ある人は雲の上みたいだと言った。何もない、真っ白な空間と言った人もいたよ。十人いれば十通りのあの世の姿があるんだよ。死後の世界や天国と聞いたときに、自分が想像したものが見える。自分が想像したようにしか見えないんだ。**あの世もこの世も全部、自分でつくり出したものを見ているんだよ**」

「湯気や花なんて、どこにもないじゃん」

「それを言ったらお前さんに見えている宇宙だって。科学者が発表した本当の宇宙の色は黄土色だそうだよ」

これが黄土色? どう見ても紺色にしか見えないのに。黒色ならまだしも、黄土色なんて……。

「現実世界だって、天国に見える人もいれば、地獄に見える人もいる。いくら真実を言われたって、そう思えなかったらそうは見えないだろう？」

おばあちゃんは言いきると、すたすたと歩いていった。

あとを追いかけてついていくと、たくさんの人が見えてきた。年代も国籍も違う人々の前にはそれぞれ一つずつ、ビーチボールサイズの球体が置かれている。球体は透明で、光を受けて虹色に反射するシャボン玉のようだった。

「おばあちゃん、ここにいる人たちは誰？　なにをしているの？」

「ここにいる人はみーんな、霊だよ」

「れっ、霊!?」

思わず声を上げてしまい、そこにいる全員が私の声に反応した。視線が一気に寄せられてパニックに陥りそうになったとき、おばあちゃんがシッと口元に人差し指を置き、目で私を黙らせた。

「何を驚いているんだい。お前さんだって霊じゃないか。まぁ、どうせ驚くだろうと思ったから、覚悟はできているんかね、と聞いたんだよ」

おばあちゃんはあきれた顔をしながら小声で続ける。

「ここはね、霊が集まる場所だよ。肉体から離れてたましいになった霊たちは、ケガの痛みや病気の苦しみから解放されるんだ」

おばあちゃんの話を聞いて、私はもう一度霊たちのほうに視線を向けてじっくりと観察した。

たましいの存在とはいえ、そこにいる霊たちはしっかりと実体を持ち、肌の血色もよく、みな溌剌（はつらつ）としていた。楽な姿勢でその場に座り込み、近くの仲間と楽しそうに会話する姿はどう見ても霊とは思えず、生きている人と何も変わらない。

「人生という旅を終えて、みんなここで休んでいるのさ。ずっと旅をしてばかりじゃ疲れるし、その良さがわからなくなってしまうだろう。こうやって、たまに帰ってくるから旅は楽しいんだ。**旅の土産に持って帰れるのは経験と感動だけだよ。**ここでは思い出をふり返ってみたり、反省をしたり、次の旅に思いを馳(は)せたり、旅の道中で出会ったたましい同士が再会を果たして喜びあっているんだよ」

「おばあちゃんも、ここでおじいちゃんに会えたの？」

「あぁ、会ったさ。あのときはうれしかったなぁ……でも、おじいさんは再会してすぐにまた新しい旅に出かけちゃったよ。あの人はいつも忙しそうで、まったく変わらないねぇ」

死んでもなおじっとしていられないおじいちゃんを思うと、なんだかおかしくなった。

「怖がりのくせに好奇心旺盛で、なんでも自分の目で見て体験しないと気がすまない性分なんだ。そういうところはお前さんもそっくりだと言っていたよ」

「えっ、ちょっと待って。おじいちゃんは私が生まれるずっと前に亡くなっていたから、会ったことないよ」

「会ったことがなくてもお前さんのことは全部知っているし、全部見ているんだよ。こんなふうにね」

おばあちゃんはそう言うと、目の前にある透明の球体の中を覗き込んだ。真似をして中を覗くと、住んでいる街や私のアパートや狭い部屋のベッドで横たわる私の姿が、上空から見下ろした状態で映像となって映し出されていた。

「この丸いの、すごいね。占い師が使う水晶玉みたい」

「ぜーんぶこれでお見通しさ。この球は出入り口にもなっていてね、中に入れば、この世とあの世を自由に行き来できるんだ。この前もこんなふうに覗いていたらお前さんに呼ばれて、心配になったから行ってあげたんだよ」

「会いたいとは思ったけど、呼んだ覚えなんてないよ」

「思いはつながるって言っただろう。**お前さんの思いは、未来にも、あの世にも、目には見えなくてもちゃんとつながって伝わっているんだよ**」

「じゃあ助けてほしいときは、呼べば助けてくれるの？」

「あぁ、素直に呼んでくれたらいつでも助けてあげるさ。途中で、こんなのウソだ、と思考が邪魔しないかぎりね」

死後の世界や自分を見守ってくれている誰かの存在なんて、今までは信じられなかった。しかし今、目の前に広がる光景はウソではない。球体の中に映し出される人物をいつくしむような目で見るヒジャブを身に纏（まと）った女性の霊、祈るように胸に手を当ててむせび泣く軍服姿の霊、そこにいる霊たちはそれぞれの姿形で、それぞれの思いを巡らせていた。貧しかったであろう人生をあらわす痩せこけた容姿の子どもや、私と同年齢くらいの可能性と希望に満ち溢れた若い女の子もいる。そんな霊たちを横目に、私も彼らのことを思わずにはいられなかった。

私の視線に気づいたのか、先ほどの若い女の子と目が合った。

「ねぇ、こっちに来たばかりだよねぇ。どうして帰ってきたのー？」

いきなり話しかけられてどきっとした。女の子は栗色に染められた艶のあるロングヘアを巻き髪にして、人懐こそうに向ける華やかな顔立ちはどこか怠惰さをたたえ、落ち着いた甘い声が妙に色っぽく、魅力的な印象を与えた。

「あっ、あの、その、私はおばあちゃんに……」

言いかけた途中で横にいるおばあちゃんが顔を小さく横に振り、黙るように目配せした。

「ふぅん。あ、あたしアイっていうの、よろしくねー。ちなみにあたしは二十歳のときにストーカーに殺されてこっちに来たんだー」

「えっ」

「でもねー、あたしも実は一つ前の人生で悪いことしたからさー。まぁ、仕方なかったのよー」

語尾を伸ばすアイちゃん独特の口調のせいで軽く聞こえたが、言葉の意味は重かった。

「えっ、でも、その、殺された恨みとか悲しいって気持ちはないの？」

私の問いにアイちゃんはきょとん、と一拍間を置いて笑った。

「そんなのあるわけないじゃんー。人生の価値って長さじゃなくて濃さだからねー。たしかにあたしの人生短かったけど、そのぶん濃かったもんー。みんな自分で選んだ課題を終えてこっちに来るから、納得しているのよー」

「納得いく人生になるまで、死のうとしても死ねないのさ」

横から口を挟むおばあちゃんとアイちゃんは、過去の思い出話を語るように愉快に笑っていた。その笑いは、まだ納得のいかない私のことを馬鹿にしているように思えて悔しくなった。

「……意味がわからない」

「んー？」

「自分で選んだことだから、って言うけど、そんなのひどいよ。自分一人で納得されても、そんなの絶対間違ってるよ。アイちゃんを生んだお母さんの気持ちはどうなの！　残された人がどんなに悲しい思いをしているのか、考えたことあるの!!」

感情を表に出すことに慣れてない私は緊張のせいで声がうわずった。すかさずアイちゃんの目つきが変わり、逆鱗(げきりん)に触れてしまったことを後悔した。

「あんたに、あたしの人生のなにがわかるのよ。考えているよ、あんたよりもずっと……」

アイちゃんの顔は今にも泣き出しそうで、涙を隠すようにくるりと向きを変えてその場から立ち去ってしまった。

「あーあ、せっかくお友だちができそうだったのに。お前さんって子は人づきあいが下手だねぇ」

固まった空気を和らげるように、おばあちゃんが優しい声でなだめた。

「だって、わからないんだもん」

「その人の人生は、その人にしかわからないもんだよ。でもどの人の人生も、自分でいろいろ考えて決めた人生なんだ。他人が幸、不幸を決めることじゃないんだよ」

私はまだ納得がいかないまま、おばあちゃんが死んでいったときのことを思い出した。

「私はおばあちゃんが死んだとき、すごく悲しかったよ」

「おばあちゃんは幸せだったよ。人は誰かが死んだとき、みんな後悔したり憐れんだりするけど、死んだ本人はちゃんと、これでいいって人生に満足できているんだ。葬式のときは、自分のためにこんなにも泣いてくれる人がいて幸せな人生だったなーって改めて感動しているよ。でもあまりにも長く悲しまれると、悪いことしたなぁって死んだ人を後悔させてしまう」

「じゃあ、悲しむのはいけないってこと?」

「いけないことはないよ、それも仕方のないことだ。でもいつまでも続くと、それこそ未練になってしまう」

おばあちゃんの死を受け入れられず、嘆いてばかりだった過去の自分の映像が頭の中で流れて、申し訳ない気持ちになった。

「おばあちゃん、私ずっとおばあちゃんのことを苦しませていたね」

「いいさ、いいさ。おばあちゃんは優しいからなんでも許してあげるよ」

私がおばあちゃんを好きな理由、それはなんでも許してくれるところ。

「許せれば、前に進めるよ」

おばあちゃんと話をしていると、どうしてこんなにも気持ちが楽になるのだろう。気持ちが静まっていくのと同時に、アイちゃんのことも冷静に理解したいと思えるようになってきた。

「おばあちゃん、私、アイちゃんに謝りたい」

「気持ちがあればわかりあえるよ。人間はみんな、わかりあいたい生き物だからね。最初から嫌われたいと思って出会う人はいないだろう？　きっと何か事情があるのさ。さぁ、探しにいこうか」

おばあちゃんの言葉に頷いて、アイちゃんの栗色の頭を探しまわった。許してもらえるかどうかはわからないけど、今はもうそんなことはどうでもいい。湧き上がる思いのまま行動すると、子どものような透き通った気持ちになれた。

第1章

5 この世に偶然はない

あの世で出会った霊たち

アイちゃんの姿は思ったよりもすぐにみつかった。さっきの表情とはすっかり変わり、まるで何事もなかったかのように数人で輪になって楽しそうに会話していた。

行っておいで、とおばあちゃんに背中を押され、私はその輪に近づいた。

「あの、アイちゃん、ごめんなさい。私なにもわかってなかった。アイちゃんのこと、もっと知りたい」

アイちゃんは目を大きく見開いてびっくりしていた。少しの沈黙のあと、まずかったかな、と次に続く言葉に迷っていると、アイちゃんが口を開いた。

「別にいいよー」

さらりと流してくれる軽口のおかげで重々しいムードにならなくてすんだ。私の思いが伝わったのか、それとも単に空気を濁したくなかったのかアイちゃんの気持ちはわからないけど、とにかくその人のよさに救われてほっとした。

「アイ、何かあったの?」

アイちゃんの隣にいる男の子が言った。男の子は金髪で、カラフルな絵の具を上からボトボトっと落としたような柄の鮮やかなスノーボードウェアを纏い、その外見の派手さや、いたずらっぽい笑顔にはまだあどけなさが残っていて、私よりも年下に見えた。

「ショウには関係ないよー。それより、隣あけてあげてー」

私はショウ君とアイちゃんの間に座り、そこにいる人たちに向けて「どうも」と軽く頭を下げた。

私のぶっきらぼうな会釈に余裕のある微笑みで返した向かいの男性は、クセ毛のミディアムヘアを片耳にかけ、清潔感のある真っ白なシャツからは上品な雰囲気が漂い、一目見てモテそう、と感じた。その彼の横には内気で素朴な印象の女の子がいた。男性はヒロさん、女の子はユウコちゃん。それぞれの名前をアイちゃんが紹介してくれた。

そこにいる4人の個性はまったく違っていた。それぞれの住んでいた世界がはっきりと推察できて、ここで会うというきっかけがなければこんなふうに親しくなることはなかっただろうと思った。

「みんな、いろいろあったんだよー」

ぼんやりと物思いにふけていた私の顔を見て、アイちゃんが答えた。アイちゃんは若いし少し間抜けな喋り方だけど、目の奥にはなにか特別な過去を持っている気がした。

「あたしさー、さっき、一つ前の人生で悪いことしたって言ったじゃんー？あれさ、実は殺人だったんだよねー。今回あたしを殺したストーカーとは昔から縁があったの。そのときはあたしが親で、彼が子どもだったんだよー」

「えっ」

まだ生まれ変わりというものを当然のように理解できていない私は動揺したが、みんなは静かにアイちゃんの話を聞いていた。

「でも父親がわからない望まない妊娠だったから、赤ちゃんを産んでもどうしたらいいのかわからなくって。お金もないし、この子をちゃんと育てなきゃって思えば思うほど苦しくて、とにかくその場から逃げたかった。あたしの人生、どうしてこんなことになっちゃったんだろうって、やり場のない怒りの矛(ほこ)先(さき)は次第に赤ちゃんに向いてしまったの。赤ちゃんが泣き出すといらついて、お願いだから泣きやんで、って赤ちゃんを黙らせようとしたら自然と赤ちゃんの喉に手が伸びていて、気づいたら殺しちゃった。ひどい話よね」

どう声をかけていいのかわからず、私は暗い気持ちに襲われ口をつぐんだまま聞いていた。

「赤ちゃんは何にも悪いことしていないのに。赤ちゃんを殺してから後悔してあたしも自殺したんだけど、死んでもずっと後悔は続いて。あぁ、あたしはなんて悪いことしちゃったんだろうって。自殺しても罪滅ぼしにならないし、なんの解決にもならないって、そのとき痛感したよ。このままじゃいけない、次に行こうって思った」

「もしかして……自分が犯した罪を次の人生で償おうって決めたの？」

「うん。自分の中でのけじめ、かな。でも今回、あたしが殺されたことで家族を悲しませちゃった。そこだけが、本当につらいね」

一点を見つめながらゆっくりと話すアイちゃんの目には、いろんな感情が滲んでいた。

覚悟を持って話すとき、アイちゃんは語尾を伸ばさない。アイちゃんという人物の、芯に触れた感じがした。

「はぁーあ。あたしって身勝手だよねぇー」

アイちゃんの吐いた長くて深い息は憂愁とあきらめを含んでいて、なにかの終わりと始まりを表すくぎりのようだった。

「ねぇアイちゃん」

私は複雑な気持ちで切り出した。

「じゃあさ、殺された人はみんな、殺されるってことも自分で選んで生まれてきているの？」

「うん……。でもね、その死にもちゃんと意味があって自分のいのちを賭けて得たかった気づきや、残された人たちに伝えたいメッセージがあるんだよ」

アイちゃんはゆっくりと、何かを回想しているような顔で話し続けた。

「あたしの場合はね、今回のことで、出来事にとらわれてちゃだめだって気づけたの。たしかにあたしの肉体に起こったことは最悪だった。殺されるときは怖かったし、痛かった。でも今、肉体から離れてみるとその怖さも痛みもほとんど覚えていないの。その代わりにそれまでの人生のすべてを思い出して、殺してしまったから殺される人生を選ぼうなんて、いくらけじめとはいえバカな考えだったなーってやっと気づいたの。あたしは今まで何回も生まれ変わってきたけど、ずっと出来事にばかりとらわれていたんだよね。自分が何をしてしまったか、何をされたかよりも、そこから何を学んでどう生きていくかが大切なのに……」

アイちゃんの話を聞きながらやりきれない思いでいっぱいになった。しかし、私以上にやりきれない思いをしているのはアイちゃん自身だ。アイちゃんは唇を嚙みしめながら、ぐっと悲しみを堪えていた。

「あたしの人生は他人から見たら悲惨な終わり方で不幸かもしれない。でも、愛情のある両親と出会えたし、面白い友だちもたくさんできたし、大切なことも学べて、あたしにとってはかけがえのない時間だった。だから、きっと、あたしの人生はよかった」

アイちゃんは一言ずつ溜めながら、自分自身に言い聞かせているみたいだった。

　その言葉はアイちゃん本人しか言えない言葉だ。彼女はずっと、その言葉を自分で言えるときを待っていた気がした。

　アイちゃんは正々堂々、自分の人生を全(まっと)うした。アイちゃんの人生は、殺されたという事実一つだけじゃない。その短い人生の中で積み上げていった思い出、彼女が自分のいのちを賭けてまで得たことのほうがはるかに大きく尊い。それは、アイちゃんにしかわからない。なにも知らない私が彼女の死を悲観し非難するのは、彼女のいのちを非難することになる。たとえそれがどんな終わり方であったとしても、本人が納得できた人生ならそれ以上はないように思った。

「アイちゃんは悪くないよ」

　私は言った。

「ありがとう。もう一度言って」

「アイちゃんの人生は、悪くない」

「その言い方だと、なんか上から目線でむかつくわー」

そう言ってアイちゃんは緊張が解けたように、ほっとした表情で笑った。その笑顔を見て私も笑った。

「あたしを殺したストーカーもさ、今の彼にとっていちばん大事なのは生き方を変えることなの。過去は変わらないし一生消えない。でも、過去は変えられなくても、生き方は変えることはできるんだって、そのことに気づいてもらいたいから生きて欲しいんだ。」

「……アイちゃんは優しいね」

「そうじゃないとあたしが浮かばれないのよー。殺されちゃったし悲しい事件だったけど、彼が気づいてくれたら、あたしもこの人生に満足できるの」

アイちゃんは恥ずかしそうに俯き加減に視線をそらして言った。

「彼がちゃんと更生できますように」

私はアイちゃんを殺めたストーカーの人生を考え、すべての真実と向き合い、時間をかけて学ぶことができますようにと、その場で手を合わせて祈った。

「あはっ、なんで死んでるあんたが生きている人に向かって手を合わせてんのよー」

アイちゃんが合掌する私を見て笑いながら言った。

「あぁそうだ、おかしいね。なんか、自然としたくなっちゃった」

「向こうの人がこっちの人のことを思うように、こっちも向こうのことを思っているんだよー」

そう言ってアイちゃんも私を真似て合掌した。やさしく、静かな祈りだった。

「なんでみんな、自分で選んできたことなのに忘れちゃうんだろうね」

しばらく沈黙が続いたあと、私は言った。

「さぁね。知らないほうが、気づいたときに深く心に残って勉強になるからじゃんー？」

「アイのその見た目で勉強って言葉は似合わないよ」

ショウ君が口を挟んできた。

「うっざー。まじ殺すよ？」

「また殺そうとして」

ユウコちゃんが苦笑いをしながら言った。

「はは、アイは次の人生ではその口の悪さを直したほうがいいね」

ヒロさんが柔和な表情で言った。

6 現実は一つじゃない

それぞれのテーマ

４人の掛け合いは愉(たの)しく、優雅な昼下がりのようにゆったりとした時間が流れていた。

ここは穏やかだ。何の制限もなく、ただ今という瞬間に寛ぐことができる。みんなこのままずっと永遠にここにいればいいのに。どうしてアイちゃんのように苦しんでまで学ぼうとするのだろう。

「学びってそんなに大事なのかな」

私の単純な問いに、アイちゃんは得意げな顔をして答えた。

「あたしさー、人間とほかの生き物の違いについて考えたことがあるんだけどねー、人間って知的な生き物なの。何か気づきを得たときの、ハッとする瞬間がやっぱりいちばんの快感な気がするー」

「点と点が線になってつながるときのような喜びのこと？」

「そーう。あの快感のために生きているの。だから人生にたくさん疑問を抱えている人ほど生きる意味があるんだよ。みんな何か欠けを持っていて、その欠けを埋めるために生まれ変わって旅をしているんだよ。ねーぇヒロ、あんたはあたしよりも何回も、人生繰り返しているからわかるよねー？」

「うーん、飛行機のマイレージを貯めるのと似ているかな。何度も旅をして行ったり来たりすると知識が貯まっていって、たましいがグレードアップする感じ」

ヒロさんの落ち着きや深みのある人間性を見ていると納得がいった。

「地図やガイドブックばかりを見ながら旅をするより、道に迷って、少しくらいトラブルが起きたほうが街の風景が目に焼きついて思い出に残るでしょうー？」

「アイちゃん、そんなに簡単に言わないでよぉ。生まれ変わるときには目的を忘れちゃうし、ガイドブックを持たずに旅をするのって勇気がいるんだから。ユウコもヒロさんみたいにもっといろんなこと勉強して、たましい成長させたいなぁ」

「ユウコなら大丈夫だよー。ほら、ショウもヒロを見習って、もっと賢くなったらー？」

アイちゃんがショウ君に向かって冗談っぽく言った。

「あたしはねー、もう次の人生をどんなふうに生きるか決めているのー。次はね、何にもとらわれずに生きる。奔放に生きて、出来事にとらわれず、常識にもとらわれず、見た目にもとらわれずに、自分を生きる大切さを学びたいんだ。だからブスでもいいのー」

こういうところがアイちゃんらしくて、恐れのない潔さに笑った。

「ブスは絶対後悔するぞ？」

ショウ君が言った。

「いいのいいのー。ブスでもたくましく生きる。次は80歳まで長生きして、たくさんの友だちを助けてあげるんだー。いいブスでしょー？」

「おまえ自分がちょっと美人だからって調子に乗ってんなぁ」

「だって美人はもう飽きたんだもんー。そういうショウはどうなのよー」

「俺ももう決めているんだ」

ショウ君は両手をついて身体の重心を後ろに倒し、何かを思い出すように遠くを眺めながら語り出した。

「俺さ、これまで目標とかやりたいこととか、何もなかったんだよね。悩むことも特にないし、毎日ダラダラと過ごして遊んでばっかりで。スノーボードに行ったとき、滑っている途中で転倒して、雪に埋まって窒息死しちゃったんだ。発見されたのが遅くて助からなかった。死んだ直後はもっといろいろ挑戦すればよかったなぁって、すっげー後悔したんだ」

「でも、その人生を選んだのも自分でしょう⁉　そういう経験があったから気づけたんじゃないー？」

アイちゃんが言った。

「うん、だから今はもう後悔はない。大事なことに気づけた人生だった」

「じゃあ次はー？」

「波乱に満ちた人生にしようと思う。人に裏切られて、希望なんか持てないくらいの厳しい環境に身を置きたい。何度もくじけそうになりながら、その中で信じぬくことの大切さを学ぶんだ。ドラマみたいに逆境に立ち向かいながら、自分の可能性に賭けて生きてみたい」

ドラマ、という言葉が私の胸を打った。

ここにいる人々はみな脚本家のようにテーマを絞り、人生のシナリオを思い描いていた。結末が決まっていて過程を見せるのが主眼の作品には、最初に悲劇を提示する必要がある。子どもの頃によく観た『アンパンマン』には、必ずピンチがあるからハッピーエンドになるお決まりの安心感があったし、悪役のばいきんまんがいるからアンパンマンは正義でいられた。正義があるから悪があり、悪があるから正義がある。光と影は同時に発生する。私は影に傾倒していた自分の人生を思い返した。何もかもうまくいかない現実と自分を受け入れてはくれない社会。もし私がこの物語の主人公で、これらすべての現実が自分で選んだシナリオだとしたら……。

立ち向かうヒーローを演じたかったから障害を登場させたのだ。自分の世界に。

「ヒロはー?」

アイちゃんの口から発せられた音韻にビクっと反応して、頭の中の自問自答が丸聞こえだったのではないかと一瞬焦ったが、その声はヒロさんに向けられたものだった。

「僕は30歳のときにガンになって、人生のすべてを奪われたんだ。ガンになってからはありとあらゆる治療を受けて、必死に闘った。でも、何をやっても一向に良くはならなくてそのまま最期を迎えたんだ。ガンにならなければ……って、現実を受け入れられずに苦しんで、こんな宿命を背負わせた神をも憎んだ。でも、これを見て気づいたんだ」

ヒロさんは話の途中でジーンズのポケットに手を入れ、一枚の手紙を取り出した。

「当時つきあっていた彼女が棺桶に入れてくれた手紙」

ヒロへ

こんなふうに手紙を書くのは初めてだね。ヒロには伝えたいことがたくさんあったのに、伝えられないままヒロが天国に旅立っちゃった。ちゃんと届いているかな……。

ヒロ覚えている?

つきあって3年目のお正月に、二人でパリに旅行に行ったときのこと。セーヌ川を眺めながら「結婚して、ここで一緒に暮らそう」って、ヒロは約束してくれたよね。あのとき、涙が出るくらいすっごくうれしかった。

パリから帰った直後にヒロが倒れて、医者から余命半年と告げられたとき、頭が真っ白になった。でもヒロは強かったね。「最期まで諦めずに生きるから、いつかまたパリに行こう」って言ってくれたね。その言葉を信じて、奇跡が起こりますようにって毎日お祈りしたんだ。

ヒロが静かに息を引き取った2015年12月25日。

半年の寿命から、1年も生きてくれた。よくここまでがんばったね。

ヒロは奇跡を起こしたんだよ。

最期まで諦めずに生きてくれてありがとう。ガンという経験を通して、ヒロは私に奇跡を信じさせてくれた。いちばん大切なことを教えてもらったよ。ヒロの人生は私が引き継ぐから、ヒロがいなくてつらくても一生懸命生きるよ。

ヒロと出会えて本当によかった。

本当に、本当にありがとう。

いつまでも大好きだよ。

「皮肉にも、ガンのおかげで諦めずに生きた意味を学んだよ。次はガンを治すという経験をしたいんだ。だからまた、同じような人生を選ぶよ」

「ガンを治すためにもう一度、ガンを経験するってことですか？」

「うん。次はガンを憎まず、闘わず、受け入れて共に生きるよ。それでまた彼女と会って、次こそは約束を果たしてパリに住もうと思う」

「きゃー！　ロマンチックー！　がんばれヒロー!!」


「なぁ、神様っていると思う？」

ショウ君が唐突に切り出した。

「あたしさー、これまでの人生が悲惨だったから、神様なんていないって存在自体を否定していたの。でも、信じていないくせに、つらくてどうしようもないときにはどうか助けてくださいってお願いしてたんだよね―」

「ユウコもうれしいときより苦しいときにいちばん、神様の存在を近くに感じてたなぁ」

「不安があるから奇跡やそういう大いなる力を感じることができるのかもね。ショウは信じているの？」

「信念は経験から生まれるって、俺は思うんだ。どんなことを経験するかは人によって違うし、経験から得た気づきは真実だと思う。だから何を信じたっていい、その信念さえあれば道を進んでいけるって思うんだ」

「まぁー、ショウも大人になったねー」

「うるせぇよ。ところで、ユウコは次の人生もう決めた？」

「ユウコは……」

ユウコちゃんが自信なさそうに口を開いた。

「ユウコは……目の見えない身体を選ぼうと思っているの」

その言葉に全員が決して顔には出さないようにしながら、しっかりと衝撃を受けて息を呑んだ。与り知らない彼女の素性とその扱いに戸惑い、誰もがその決断にいたった理由を聞き出せずにいた。

沈黙を汲み取ってユウコちゃんがゆっくりと語り始めた。

「ユウコの家は母子家庭でね、お母さんは暴力的な人だったの。毎日のように殴られて、お前なんか生まなければよかったって罵(ののし)られて、子どもの頃からずっと虐待を受けて育ったから、不幸が当たり前のようになっていたんだ。毎日がつらくて悲しくて、自分なんか生まれてこなければよかったって人生を否定してばかりだったの」

彼女の抱える過去がこちらに伝わってきて悲痛な思いに駆られた。

「でもね、どんなにひどいことをされても子どもって親のことを嫌いになれないの。やっぱり、どうしたってお母さんのことが好きなの。ユウコに手を上げたあとはお母さんも涙を流して悲しんでいて、大量の薬を飲んではすぐに吐いて、もがいてた。お母さんもユウコと同じように苦しんでいたの」

ユウコちゃんは真っ赤な顔でボロボロと涙を流しながら必死に語り、横を見るとアイちゃんも泣いていた。

「ユウコの自殺を発見したお母さんはその場にくずれおちて、今までで見たことがないくらい壊れて泣き叫んでいたんだ。その姿を見て、この不幸はお母さんのせいじゃないし、ユウコのせいでもない。ただ、同じ学びを選んだ者同士が組みあわさって、深い関わりを持っただけなんだって気がついたの。そのときのユウコはお母さんとしか関わりを持っていなくて、ユウコが見ていた世界はすごく狭かったんだ」

ユウコちゃんは涙を拭い、話を続けた。

「本当は世界はもっと広いのに、ユウコはそれに気づけなかった。目に見える世界にばかりとらわれて、お母さんがすべてだと思っていたの。そうじゃないって、早く気づければよかった。だから、今度はもっといろんな人と関わりを持っていろんな世界を知りたい。たくさんの人に支えられて、ありがとうって毎日感謝しながら生きたいの」

「だからって……」

私はユウコちゃんの考えを受け止めきれず、言葉に詰まった。

「それも経験してみないとどう感じるのか、真実はわからないと思うんだ。アイちゃんが言うようにね、置かれた環境とか、起こる出来事、肉体の状態は、幸せとは関係ないの。幸せか不幸せかは自分の心しか決められないの。どんな経験で心に響くかはわからないし、もしかすると不自由さがあることで些細なことが心に響いて、自由が当たり前の世界では気づけない幸せを感じることができるかもしれない。それぞれ違う肉体という容れ物に入って、そのとき、そこからでしか見ることのできない世界があると思う。たとえ目が見えなくても、見えてくる世界があると思うの」

覚悟を決めたユウコちゃんの目は今までになく強く、まっすぐだった。

「今度はその身体が、その人生がいいの。その経験からたくさんのことを学べて、そうなってよかったと思える日が来るって、ユウコは信じている」

そのとき私は自分の価値観だけで世界を見ていたことに気がついた。人の数だけ、見えてくる世界も違う。ユウコちゃんが選んだその身体は、彼女の人生に彩りを添える貴重な財産なのだ。ユウコちゃんの強い決心は、ユウコちゃんの存在を美しく見せた。ユウコちゃんは、どんな容れ物に入ってもユウコちゃんだ。

「人って、自分のことばかり考えていると死にたくなるんだよ。視野を広げて、支えてくれた誰かのことを考えたらそう簡単には死ねない、その人のためにがんばろうって生きる意味が生まれると思うの」

ユウコちゃんの言葉に、アイちゃん、ショウ君、ヒロさんが深く頷いた。

「生きるって、恩返しだよね」

アイちゃんが言った。

「うん。ユウコはもう、ごめんなさいって思いながら終わりたくない」

「ユウコー、あんた次はいっぱい甘えて、いっぱい人を頼って、自分の好きに生きなさいよー！　身体のせいにするんじゃないよー！　生きているかぎり、みーんな誰かの助けを借りて生きているんだからっ。遠慮なんかした日には、あたしが怒りに行くからねっ。ユウコがつらくなったときは、あたしが助けてあげるから！」

「それぞれの転機のタイミングでいつかまた会おうぜ。そうだ、パリで会おう！」

ショウ君がヒロさんの肩に手をまわして言った。

「えっ、来るの？」

「いいじゃんー！　ヒロ、あたし、あんたの言うことなら素直に聞けそうだから、あたしが人生に迷ったときはヒロが大切なこと思い出させてねー」

「あははっ、まぁ、いいよ。じゃあショウはアイから教わるといいよ」

「やだよ、どうせまたすぐケンカになるじゃん」

「それもそれで楽しいじゃないー。そういえばあんたは次、何がしたいのよ」

みんなの会話をぼうっと眺めていた私に、アイちゃんが訊いてきた。

「えぇっと……私は……」

突然の問いに焦りながら考える。

「私は……勇気を学んでみたい」

「勇気？」

「うん。私、今まで何の目的もみつけられずに周りの人の意見に流されて生きてきたから。今度は自分の道を自分で切り拓きたい」

アイちゃんは一拍置いて、その意味がわかったようにニコッと笑った。

「いいじゃんー。じゃあその感動を味わうためには、手始めにまず自分の意思と反した環境や親が必要かもねー」

その言葉にハッとしておばあちゃんが前に言ってくれたことを思い出した。

――だから今、そこにいることも含めて、すべての願いが叶っている。不幸なことなんて何一つないんだよ。

今置かれている現実も人間関係も全部に意味があって、自分を生きるために必要なことだった。人生で遭遇するすべてが、力強く私に生を与えてくれていたのだと気がついた。

「アイちゃん、やっぱり私……」

「あんたは、あんたのままでいいよ」

その瞬間、胸の奥が熱くなって、一粒の涙が頬をつたってこぼれた。

「そのままのあんたが好き。変われないのは、変わる必要がないからだよ」

アイちゃんの優しさが目の前の厚い壁をそっと取り払ってくれた。真っ暗だった心に光が差し込んだように、その一言がずっと否定し続けてきた自分の存在を照らし出してくれた。

「まだ間に合うから、あんた早く戻りなよー」

「えっ?」

言葉の意味がわからずポカンとする私に、アイちゃんがため息交じりに笑いながら言った。

「あんたまだ死にきれてないでしょー？　見りゃわかるよ」

「えっ、私まだ死んでないの!?　じゃあ、また生き返れるの？」

「あんたはまだまだやれるよ。さっ、あたしもそろそろ行くよー」

アイちゃんは立ち上がり、背筋を伸ばすように高く両手を突き上げた。

「ユウコも一緒に行く」

「俺も。ヒロも行こうー」

「いいよ」

立ち上がった４人は手をつなぎ、その姿はたちまち光の粒子に包まれた。

「体当たりの挑戦が始まる」

「絶対に幸せになってね」

「いつかまたどこかで」

「約束だよ」

最後にその言葉を残し、目の前にある球体の中にそれぞれが消えていった。

唐突に終わる映画を見終えたときのように、しばらくは茫然と立ち尽くしたまま何もできずにいた。

ただ、一つだけわかったことがあった。

それは、現実は一つではないということ。

見えている世界だけがすべてではない。目に見えない想いの働きによって、目に見える現象が空間に引き起こされているのだ。

世界は万華鏡のように少しのきっかけで見え方ががらっと変わりうる無限空間で、その鮮彩の中から自分が見たいと思う色を絞り出して自分だけの世界をつくっている。

いくつもの現実が重なりあう中で、自分の幸せを選び取るのは自分しかいない。自分が選んだ幸せが、いちばんの幸せなのだ。

アイちゃん、ショウ君、ヒロさん、ユウコちゃん、４人のたましいは不完全で不器用で、でもしっかりとそこに存在していて、私に生きる力をくれた。きっと忘れない。４人のいのちに称賛をこめて、私も精一杯生きよう。
そう思ったとき、何か重要なものを忘れている気がした。

あ。そういえば、おばあちゃんのこと忘れてた。

第1章

7 人生は一人では進まない

主人公と脇役

振り返ると少し離れた場所に、おばあちゃんが大の字に寝転がっていびきをかいていた。半分開いた瞼（まぶた）の小さな隙間から白目がむき出しになっている。

「おばあちゃんっ!!!!」

大きないびきに負けじと声を張り上げた。

「んあぁっ!?!?　あーぁ、たまげた。そんなに大きな声で起こさないでおくれよ。心臓が止まっちまうじゃないか」

「もう止まっているじゃん」

やれやれという顔をしながら、おばあちゃんはゆっくりと上半身を起こした。

「で、どうだった？　生きる意味がわかったかい？」

「うん、少しね」

「お前さんたちはみんな、どうなっても大丈夫だということをわかったうえで、その先が見えたうえで、生まれてきているのさ」

「人生に悪いことなんてないんだって思った」

「肉体は幻想だよ。肉体に起こる現実ばかりにとらわれていたら真実は見えてこないよ。お前さんたちは人それぞれ違う容れ物の中に入って、思い込みという枠の中から世界を見ているんだ。その枠が消えたとき、世界に対する壁がなくなって、この世には何も悪いことがなかったんだって気づけるのさ」

この世には悪も苦しみもない。私たちは何もない舞台の上で様々な経験を反映させて、自分という存在を創り上げているのだと思った。

「人生でどんなことを経験するかも自分で選んでくるんだね」

「みんな人生の脚本があるんだよ。自分で書いたものだから、最後はみんな、自分らしい人生の結末を迎えるのさ」

「脚本といっても登場人物と物語のテーマくらいしか決めてない、すごく大まかなものだったけどね」

「例えば、お前さんが物語の作者だったらまず何から書き始める？」

「主人公の個性、あらすじ、出会う人物……くらいかな」

「そのくらいのもんだろう。あとは成り行きに任せて、物語が進んでいくうちに勝手に人物が動き出して言葉も自然と出てくるさ」

「主人公しか出てこない物語なんてつまらないから、やっぱり出会う人って大事だね」

「そうさ。**自分を成長させるために人を置いていくんだよ**」

誰かの言葉に落ち込んだり、誰かの言葉で楽になったり、勇気をもらえたり。もしも、この世にたった一人で生きていたら人生は変化しない。いろんな出会いを繰り返しながら、その中で湧き上がる感情に突き動かされて人生は進んでいくのだ。

「全部、伏線なんだね」

「必ず最後はつながるよ」

おばあちゃんはそう言って、いつものようににっこりと笑った。

「私の伏線は複雑すぎて、絡まりあった糸みたいだよ。玉がたくさんあって躓(つまず)いてばかり。ほどき方がわからなくてずっと目を背けて生きてきた」

「そういえばお前さんは小さい頃から、糸でも紐でもネックレスでも、なんでもすぐに玉をつくっちゃう子だったねぇ」

「不器用だからね。それでいつもおばあちゃんにほどいてもらってた」

「不器用、器用は関係ないよ。**もつれるのは焦るからさ。人間関係も一緒**」

「そうだね。もつれた糸を焦って無理にほどこうとしたら、余計にもつれてしまうもんね」

「きれいにほどくコツはいったん休むこと。心に余裕ができたときにゆっくりとほどいていけばいいのさ」

「うん、ゆっくりとね」


「そろそろ元の世界に帰ろうか」

おばあちゃんが言った。

「うん」

決心をつけて地面を力いっぱい押しながら立ち上がった。私に続いておばあちゃんも、よっこいしょと言いながら立ち上がり、透明の球体を私の胸の前に持ってきた。

「さっ、これを持って。目を瞑ってゆっくりと深呼吸するんだ」

球体から発せられる虹色の光は強まったり弱まったりを波のように繰り返し、その美しさに魅了されているとつい呑み込まれそうになって怖くなった。

球体を持つ手のひらがじっとりと汗で湿っていく。

「元の世界に戻るだけなのに、なんだか勇気がいるね」

「**怖さも幻想だよ。**怖くなったときは人間の持っているいちばんの力、想像を使うんだよ」

「どう想像すればいいの？」

「いいものを想像すれば怖くなくなるさ」

「いいものって何？」

「人がいいと思うもの、絶えず動いて、変化しているものを想像したら心が落ち着くよ」

「失敗したらどうなっちゃう？」

「お前さんはどうして怖いときに余計に怖いことを思うんだい！」

「未知の世界なんだもん、仕方ないじゃん！」

「あの世とこの世の境界を越えるとき、恐れがあると渡れない。怖さを切り抜けるには強く思い浮かべてしっかりと想像するんだ」

「絶えず動いて、変化するもの……」

私は目を瞑って意識を集中させた。

「さぁ、もう一回。ふかーく息を吸って、吐いて、リラックスして」

おばあちゃんの声に合わせて呼吸を整え、頭の中でイメージをする。

絶えず、動いて、変化する。ゆっくりと、さらさらと……。

神経を研ぎ澄ませていくと、次第に周りの音が何も聞こえなくなって身体が空気に溶け込んでいくのを感じた。私はそのまま身を委ねるように、ゆらゆらと漂う心地よい安らぎに吸い寄せられていった。

第1章

8

何もないところに感動は生み出せない

私、無事帰還

あの世で見たあまりにも美しい光景が恋しくて、目が覚めてからしばらくはベッドの上で天井を見つめたまま意識が朦朧としていた。

「お疲れさんです」

横を向くとおばあちゃんが優しいまなざしで私を見ていた。

夢の余韻を引きずりながら、まだ生温かい寝覚めの身体を少しずつ起こしていった。眠気に抗って言葉を発する。

「こっちに戻るとき、とてもきれいな川を見たよ」

「川？　三途の川かね？」

「たぶん。浅いけれど澄んでいて、太陽の光に照らされた水面が、風とたわむれるようにきらきらと輝いてきれいだったなぁ」

私の言葉を聞いて、おばあちゃんは吹き出した。

「何がそんなにおかしいの？　臨死体験をした人はみんな言うじゃん」

「お前さんも単純な子だねぇ。こっちに戻るとき、おばあちゃん何て言ったか覚えているかい？」

「たしか、怖いときは絶えず動いて変化するものを想像しなさいって……」

「そう。たいていの人がそう言われて咄嗟に出るものは、水の流れか草花。まれに雲や蝶々っていう人もいるけど、どれも臨死体験でよく聞くベタなもんだろう？」

「あぁ」

それに私は生き返ることを想像していたから、知識から無意識に臨死体験のイメージを引っ張り出して三途の川が見えたのかもしれないなと思った。

「あの世でもこの世でも、人はいつでも自分が想像したものを見ているのさ」

ふと気がついて机の上に置かれたデジタル時計に目をやった。

23時11分　４月23日　金曜日
お母さんの誕生日だ……。

「明日はきっと雨が降るねぇ」

おばあちゃんが首を掻きながら言った。

「おばあちゃんが雨って言うと必ず雨が降るよね。なんでわかるの？」

「肌がかゆくなるからわかるのさ。お前さん、何か塗るもん持ってないかい？」

机の引き出しの中からボディクリームを取り出しておばあちゃんに渡した。キューピッドのイラストに「ラブリースウィートピーチの香り」と書かれた絶望的にダサい容器の蓋を開けて、おばあちゃんは匂いを嗅いだ。

「げっ、甘ったるい」

「これしかないんだもん、我慢して」

しかめ面で「ラブリースウィートピーチの香り」を塗るおばあちゃんを横目に、私はあの世での体験を辿って考えた。あの世で出会った4人のこと、自分で選んできた人生のシナリオ、生きる意味……。人生で遭遇するすべてが、私という人間を構築するための材料だった。

一気に詰め込んだものをゆっくりと消化するように、私は自分の人生を反芻(はんすう)して考え続けた。

「おばあちゃん、今日ね、お母さんの誕生日なの」

「あぁーそういえばそうか。それなら電話の一本でも入れたらどうだい？」

「そうだよね……」

「どうしたんだい、急に。元気ないじゃないか」

「あのね、私ずっとおばあちゃんと二人きりで暮らしてたじゃない。事情があるのは理解していたんだけど、お母さんは仕事を優先して、私は捨てられたんだと思っていたの。大人になってからもどこか距離感があって、今もずっと気まずいんだ」

「そうだったんか……」

おばあちゃんの表情が少しさみしげになった。

「でも、こういう親を選んだのも自分なんだって気づいたらほんの少しだけ楽になったよ。あのお母さんがいたから、今の私がいるんだよね。今の私をつくるのに必要だったんだよ。良くも悪くも……」

「そうやって気づけたんだから、いいことだったのさ。きっと」

おばあちゃんの言葉に頷いて、ベッドの上に転がっている携帯電話に手を伸ばし、実家に電話をかけた。1回、2回、と耳元で鳴り響く発信音を数えるたびに僅かな後悔と緊張が差し迫る。

「あ、もしもしお母さん？」

「なによ、こんな夜中に」

懐かしい声がした。単調で低く沈んだお母さんの声。

「あの、誕生日おめでとう。それと……産んでくれてありがとう」

言葉にした瞬間、感情が込み上げてきて声が震えた。

「あんた、もしかして泣いているの？　こんなことで泣くなんて、あんた自分のことがかわいくて仕方ないんだね」

お母さんの言葉は相変わらず冷たかった。でも今はその冷たさがありがたかった。

「何かあったの？」

「ううん、大丈夫」

「大丈夫って、大丈夫じゃないときに出る言葉よ」

少しの沈黙のあと、お母さんが切り出した。

「お母さんね、お父さんと離婚することにしたの」

「えっ」

「お父さん、別居中も仕事のストレスでお酒とギャンブルがやめられなかったみたい。それでまた借金つくったの。ほんとバカだよね」

「お母さんこそ、大丈夫なの？」

「このまま別居を続けてわざわざ離婚する必要もないのかもしれないけど、今は離婚したい気分なの。もう五十だし、そろそろ次のステージに進もうかなって……」

そのとき、何故だかわからないが意識が一瞬飛んで、頭の中に若い頃のお母さんの映像が流れた。

映像の中はまだ家族が一緒に住んでいた頃の家で、お母さんはリビングで仕事の資料を広げ、頭を抱えて切迫した様子だった。そこへお父さんがやってきてなにか言葉を放った。その言葉にお母さんは激昂(げきこう)

し、やがて二人は言い争いを始めた。幼い私は膝を抱えて泣いている。少しして、お父さんはあきれたように冷めた顔をしてそのまま部屋を出ていってしまった。その後ろ姿をお母さんは目で追いながら涙を流した。私は落ち込むお母さんのもとに近づいた。

（こんなはずじゃなかったのにな。ごめんね、いいお母さんになれなくて……）

お母さんは泣いていた。


「もしもし？　あんた聞いてる？」

反応がない私を察してお母さんが言った。

「あっ、ごめん。……お母さんもいろいろあったんだね」

「別にたいしたことじゃないわよ」

お母さんはいつもと変わらなかった。いつもどおり動揺せず、冷静に、きっともう充分に時間をかけて考えて出した決断なんだろうと思った。

「そういえばあんた、おばあちゃんのお葬式から一度も地元帰ってきてないけど、たまには顔見せて線香くらいあげに来なさいよ」

「うん、近いうちに行くね」

「わかった。じゃあ、おやすみ」

「おやすみなさい」

電話が切れた途端、深いため息が口から漏れた。

「おばあちゃんは線香なんかより、花かまんじゅう供えてもらうほうがよっぽどうれしいよ」

しんとした空気の中、おばあちゃんが言った。

黙り込んだまま目を落とすと、おばあちゃんの手にしているボディクリームの容器が視界に入ってきた。視線の先に気づいたおばあちゃんが私の腕をとり、それを塗り始めた。あたりには桃の香りが広がった。

「ねぇ、おばあちゃん」

「ん？　なんだい？」

「お母さんとお父さんは、どうしてあんなふうになっちゃったんだろう」

「きっとお前さんと同じように、お母さんとお父さんもさみしかったんだろうね。でも、そういったさみしさを感じるのも何も問題じゃない」

「問題じゃないの？」

「それを問題としてとらえているのはお前さんの頭の中だけさ。そしてたましいはお前さんの頭の中を変えていくために、そういった経験を引き起こす。あるのは経験だけ。何も問題ないし悩む必要もないのさ」

おばあちゃんの話を聞きながら、お父さんの孤独な姿が頭の中に再び浮かんだ。

「人間はみんなつらいとき、自分は一人ぼっちだという感覚になるのさ。でもね、本当は一人ぼっちなんかじゃないんだよ。みんなつながっているんだ。そのことを知っているから、さみしいという感情が湧き上がる。孤独をたくさん感じたことのある人ほど、つながる喜びをたくさん感じることができるんだ」

「でも、お父さんはお酒に溺れてギャンブルして、もう救いようがないよ」

「じゃあ、思い出してごらん。あの世に行ったとき、酒はあったかい？　ギャンブルはあったかい？　借金をつくるような、はらはらすることはあったかい？」

「なかった」

「誰かを恨んだり、ダメな自分に嘆いたり、うまくいかなくて苦しんだり、大切なものにきつく当たって後悔したり、借金に悩まされたり……」

「みんなこの世でしか経験できないことだね」

「あぁそうさ。そんな人生も経験してみたかったから、なのさ」

そう言うとおばあちゃんは容器の中からクリームを摑み取り、私のもう片方の腕にベタッと落とした。なめらかな乳白色が私の肌に浸透していく。

「お前さんの肌は今、乾燥しているから潤いを感じるんだろう？　最初から潤った状態だったら、潤いを感じることはできない。これと同じことだよ」

「喜びを得るためには一度絶望を味わったり、何かを失う経験が必要になるってこと？」

「あぁ、そんな感じさ。**幸せは、幸せ以外のところからでしか見られない**」

「比べるからその本質が見えるってこと？」

「何かと比べないと、幸せってのはみつけづらいものなのかもしれないね。比べるのも悪いことじゃないからそこに落胆する必要もない。諦めずに歩み続けていれば必ず目的地に達するよ。幸せに行き着いたときはもう何かを見ることはなく、ただ幸せを感じているのさ」

「私も、がんばったらいつか幸せを感じることができるかな」

「あぁ、がんばらなくてもね。お前さんは世界一幸せなおばあちゃんの孫だよ」

そう言うとおばあちゃんはまた容器の中からクリームを掴み取り、私の肌の上に落とした。

「おばあちゃん塗りすぎだよ」

塗りすぎたクリームはたっぷりと、おばあちゃんが私に注ぐ愛情のようだった。

人生には脚本があって、私たちは知らず知らずのうちに自分が選んだ役どおりに生きている。必要なことが起こるべくして起こって、どうなっても大丈夫だということをわかって生まれてきている。だから家族にどんなことがあろうと、私は私でそのときの最善を尽くしてやっていくしかないのだと思った。

「明日、バイトの面接に行こうかな」

「お、お前さんやる気になったじゃないか！」

「なんとなくだけどね。メールを無視して逃げようと思っていたけど、行って

みるよ」

「そのなんとなく、が大事なんだよ。理屈じゃない思いつきはたましいの願いなのさ。なんとなく思ったことは、なんとなくいいことだよ」

ふと、外の空気が吸いたくなり立ち上がってベランダに出た。

私は夜になると何故だか、ほっとする。

深く吐いた息が夜の闇に吸収され消えていくのを眺めながら、ついたばかりの心の傷跡をそっと撫でた。太陽の前では隠したい傷跡も、今は気にしなくていい。静かな夜は街の喧騒(けんそう)も、振り落とされそうになる時間の流れも、なにもかもすべてを忘れさせてくれる。

眼下には店の明かりがいくつも浮かんで見え、夜気に染まるのを拒むように若い男女のけたたましい笑い声が聞こえた。

大変なところに来てしまった……と思った。

でもきっと、ここは楽しいところだ。

色を重ねて混濁した世界を抱きしめるように、大きく両手を開いて胸いっぱいに息を吸った。そしてさみしそうに輪郭を滲ませた春愁を誘う朧月に別れを告げ、部屋に戻った。

私はその夜、なぐさめるように優しく甘い桃の香りに包まれて眠りについた。

第2章 たましいからの呼びかけ

第2章

1

運は存在しない

嫉妬の先にあった本当の私

おばあちゃんの言っていたとおり、翌日は起きたときから雨が降っていた。足にまとわりつく湿った空気に力を奪われ、憂鬱な気分でキッチンに向かう。冷蔵庫を開けたが、中は栄養剤ばかりで朝食なりそうなものがみつからなかった。仕方なく戸棚に入っていたシリアルを取り出して皿にあけ、それを持ってまた部屋に戻った。

「なんだいそれ、鳥のエサみたいじゃないか!!」

ソファに座ったおばあちゃんが皿を見て驚いた顔をして言った。

「シリアルだよ。本当は牛乳かけて食べるんだけど牛乳がないの」

「あー、かわいそうに。お前さんもとうとう鳥のエサでしのぐ生活になっちまったのかい」

「だから違うってば。ほっといてよ！」

朝食を馬鹿にするおばあちゃんに腹が立ち、ボリボリと音を立ててシリアルをほおばった。その間もおばあちゃんはずっとおかしそうに笑っていたが、それを無視して気を紛らわすためにそばにあったリモコンを取ってテレビをつけた。

テレビをつけた途端、いっきに部屋が騒がしくなり、何かのワイドショーが流れた。番組では前衛的な絵画を描く若き天才芸術家が紹介され、ＶＴＲが終わったあと、再びスタジオに戻った。ゲストとして中堅層のお笑いタレント数人が並び、畳みかけるように互いに冗談を言って場を賑やかに盛り上げている。途中、「ちょっとー！　あたしそんなにブスじゃないですよぉー！」という女性の声が入り、それをきっかけに笑いはいっそう膨れ上がった。

カメラが声の主に寄ると、最近どのチャンネルをつけても毎日のように見る、引っ張りだこの女性アイドルの顔が映った。その瞬間、私はどきっとしてテレビをすぐに消した。

「あれ、消しちゃった」

おばあちゃんが目を丸くして言った。

「だって私、この子嫌いなんだもん」

「ほぉー。なんで?」

「たいして華もないし、そんなに才能があるわけでもないのにテレビに出て評価されているから嫌い。ただ、運がいいだけじゃん」

「そりゃあ、嫉妬だね」

「違うよ!」

「じゃあさっき一緒に出てた、あの絵描きの子は嫌いじゃないのかい? 彼のほうが凄い才能を持っているし世界的に評価されているじゃないか」

「彼は別に……」

「お前さんが同じ絵描きだったら彼に嫉妬していただろうね。数ある人の中から、どうしてもその人にだけ反応してしまうってのは、たましいが似ているからだよ。たましいが共鳴して自分に教えてくれているんだよ」

「私とこの子は似てないよ！」

沈んだ気圧のせいで気が立って、思いがけず強い口調になってしまった。おばあちゃんに怒りを向けても仕方のないことなのに、どうして私はいつもこう、すぐにカッとなってしまうのだろう。

おばあちゃんは私の頭を優しく撫でて、ゆっくりと話し始めた。

「嫉妬というのはね、相手の中に自分が持っているものを見たときに感じるものだよ。自分がすでに持っているのに、持っていないと思ってそれを見ている。自分が持っていなければ相手の中に見ることはできないよ」

「誰かを見て怒りや焦りや競争心が出たときは、自分も同じ可能性を持っているんだよって、たましいが教えてくれているってこと？」

「あぁ、そうさ。嫉妬の気持ちが湧いたときは、自分の世界を広げるチャンスなんだ。その人のどういった部分に反応したのか考えてごらん」

おばあちゃんに言われて、私はさっきのアイドルのことを想像した。

「……うーん、好きなことやって人生を楽しんでるところかなあ」

「お前さんにもその可能性があるのに、自分にはその可能性がないと思い込んでいるから嫌な気分になるんだ。嫌な気分になるときはたましいがそうじゃないよって教えてくれているんだって、前にも言っただろう？」

私は今まで誰かと自分を比べてみては嫉妬して、自分はそうなれないと感じて落ち込んでいた。でも自分が負けているのを認めたくなくて、悔しくてたまらなかった。そしてその悔しさをなにかにぶつけることができず、かといって捨てきることもできずにずっと苦しんでいた。

「本当はね、自分が嫌う相手には何も非がないことだってわかってた。でもその人を見ると自分との差を感じて、自分がいっそうちっぽけに見えて嫌だったんだ」

私が言うと、おばあちゃんは優しく微笑んだ。

「差なんてないよ。だってそもそも一人一人違うんだから」

「そうかなぁ……」

「まるっきりその人になりたいかと聞かれたら、そうでもないだろう？　誰を羨もうが、誰と競争しようが、お前さんはお前さんにしかなれないのさ」

「私は私……」

ぼそっと、呪文のように呟いた。

「お前さんは誰かを通して自分が持っている可能性に気づきたかっただけなのさ。自分の素質に気づかせるために、その人が目の前に現れたんだと思ったらいい。それを違うふうに考えて、このままじゃだめだって自分を苦しめているから、思い込みが勝手に敵を生み出して、ない現実をつくり出していたんだよ」

その言葉に自分が情けなくなってその場に足を投げ出してだらんとソファに寄りかかった。窓から見える雨雲はどこまでも空をグレーに覆い、陰鬱な影が身体に重たくのしかかる。責め立てるように激しく降る雨は窓ガラスを横殴りに叩きつけ、目の前の視界を遮り、永遠に光の差さないところに閉ざされた気分になった。

「あーっ、でもやっぱこの世はつらい！　生きるのしんどい！」

私の突然の発言におばあちゃんは、顔をぎょっとさせ、そのあと笑った。

「お前さん、それじゃあせっかくあの世に行ったのに意味ないじゃないか」

「あのね、人ってそんなに簡単に変わらないの。一度くらいの旅で人生観変わるような純粋な心じゃないの、私はもっとひねくれてるの。いくら学んだってつらいことはつらいの。あーぁ、あの世はよかったなぁ……。何も制限ないし、競争もないし、穏やかなところに戻りたいよぉ」

「遠く離れたところのことは、よく見えるものさ。みんな、戻れないとわかった瞬間、戻りたくなるんだよ」

　おばあちゃんはもう一度、私の頭の上に手を置いた。冷たい空気の中、頭の上だけがじんとあたたかかった。

「運命って大変だね。必ず悪いところをくぐらないといけない。私はそんな精神力も運も持っていないよ」

「でもね、そんなに苦しいものじゃないよ。お前さんが苦しいと思い込んでいるだけさ。慣れればたいしたことはないよ。**良いも悪いも、本当は運というもの自体がないんだよ**」

「えっ、ないの？」

「この雨のようにね、出来事はただの現象。雨の日と晴れの日が交互にやってきて地球が成り立っているようにね、ただ必要なことが起きただけさ。最初から雨に意味があるわけではないだろう？」

「起きたことは良くも悪くもない中立なことなのに、自分たちが幸運、不運と意味づけているってこと？」

「**ふりかかってきた原因がなんであれ、その出来事に自分がどんな意味を与えるかが、そこから自分がどんな影響を受けるのかを決めるんだよ**」

「そっか……」

「だから苦しみってのは自然の生き方に反しているのさ。**幸せってもんが曖昧なように、苦しみなんか本当はこの世になくて、そう感じた人がつくり出しているだけなのさ。**雨はただ降っているだけ。反発して急かしたところで、雨が急にやむわけじゃない。ただじっとして、自然の流れを待つしかないんだよ」

遠くのほうでパトカーのサイレンが叫び声のような騒音を立てて走り抜けていった。

雨の日に逆らって動こうとするのは人間と人間がつくり出したものだけだ。自然の生き物たちはみな雨のやり過ごし方も、それがどういうことなのかという本質も全部知っている。内面にある光を見つめ、静かに、すべてを受け入れて天に寄りそうように生きている。

「ところでお前さん、感傷に浸っているところ悪いけど、今日は大事な用事があるんじゃなかったんかい？」

第2章

2 前に進むのに勇気はいらない

私、それでも道に迷う

「アルバイトの面接にタクシーで行くとは、お前さんもたいしたもんだね」

おばあちゃんは自分が霊だということを忘れているのか、それとも喋れない私をからかっているのか、車内に運転手がいることを無視して話しかけてきた。私はそんなおばあちゃんを軽く睨(にら)み、急いだせいで額から噴き出した汗を手で拭(ぬぐ)いながら運転席の隣にある時計に目をやった。早鐘のように鳴る心拍が車体を急かし、こんなときだけ周りの動きが鈍重に見えた。14時の面接時間までに間に合うことを祈りながら、背もたれに頭までぴったりとくっつけ全身をあずけて乱れた呼吸を整える。おばあちゃんは物珍しそうな顔をしてカーナビをじっと見つめている。

タクシーは15分ほど経ってから目的地の近くに到着した。

「雨脚もだいぶ弱くなってきたから、もうじきやむだろうねぇ」

おばあちゃんは首に巻いていたスカーフを頬被りして、泥棒のように外の様子を窺いながら言った。

料金を払ってタクシーを降り、おばあちゃんを傘の中に入れてバイト先の住所を携帯電話で確認する。

「あれー、どうしてないの!!」

住所を何度確認しても近くにそれらしき建物がみつからず、不安で泣きそうになった。

「ほらほら、またそんなぶすくれた顔をして。お前さんは焦りすぎだよ。きっと、もうちょっと行った先にあるんだよ」

そう言っておばあちゃんは私の手から傘を奪い、道もわからぬまま進んでいった。

「ちょっと待って、濡れちゃうってば！」

傘からはみ出さないよう慌てておばあちゃんについていった。

冷たい雨だれに肩を濡らすと同時に、湿っぽい後悔の念がじわりじわりと私の中に染み込んできた。こんな日に外に出るなんて間違いだった。そもそも急に思い立ってバイトを始めようとすること自体が誤りだ。今までだってこうやって考えもせずに行動して何度も失敗を繰り返してきたのに、どうして私は人生を計画的に進められないのだろう。

後悔はいらだちに変わり、嫌な気分になって何もかも投げ出したくなった。

「あ――――もうやめた!!」

「どうしたんだい、いきなり大声あげて」

「今日、行くのやめる。バイトするのやめる」

「ひょぇぇぇぇぇぇ!?」

突然の発言と余憤さめやらぬ気迫に押されて、おばあちゃんは後ずさった。

「だってみつからないし、時間もとっくに過ぎているし、こんなので面接したって受からないだろうし、今の気分じゃもう無理だもん。行きたくないもん」

口を開くと本音と言い訳の混ざった醜い言葉がどろどろと出てきた。吐き出しても胸のつかえは消えず、苦い気持ちが喉元までせり上がってきて締めつけられるようだった。

苦し紛れに顔を上げると、おばあちゃんは困ったように笑っていた。

「そうやって理由が長くなるときはまだ心の準備ができていないときだから

ね、無理しないほうがいいのさ。今日はもうよして、家に帰ろうか」

説教されると覚悟して構えていたぶん、あっさりと受け入れられたことに拍子抜けした。

「おばあちゃん、怒らないの？」

「怒りゃしないさ。お前さんがさっき言った言葉は嘘偽りのない真実の言葉じゃないか」

おばあちゃんは優しい表情で言った。

思えば、自分の口からはっきりとどうするのかを言ったのは久しぶりのことだった。いつも理由をつけてできないことばかりを考えて、自分がどうしたいかなんてわからなかった。

「人はね、追い込まれたときにやっと本音が出てくるのさ。だからこうやって追い込まれるのも自分の本当の望みに気づくためなんだよ」

「私はどうしたらいいんだろう……」

「お前さんはね、いつも我慢しすぎなんだよ。本音を隠すことばかりに力を注いでいたらもったいないだろう？」

私は自分の気持ちをうまく整理できない。でも本当はまだどこか動き出すことへの怖さがあった。そしてその気持ちを隠していることもどこかでわかっていた。隠そうとしても隠しきれないものなのに。

「やりたいことをやるためにはまず、やりたくないことをやめることからさ。やりたくないことをやらないっていうのも、やりたいことの一つだろう？」

「そうだけどさ……。私は夢や自分の軸を持っている人が羨ましい。なにもできない自分が惨めで悔しくなる」

言葉に出すと目に涙が滲んで、鼻の奥がつんと痛んだ。

「できないことを掘り下げると罪悪感がわくんだ。でも、お前さんはやれない、じゃなくてやりたくないんだよ。やりたくないことを掘り下げてみてごらん？　そうするとさっきとは違う、大切にしたいものが浮かんでくるだろう」

おばあちゃんは自分の胸に手を当てて話を続けた。

「軸がしっかりしている人は自分のやりたいことが明確なんじゃなくて、自分のやりたくないことが明確にわかっている人なんだ。やりたくないことをちゃんと自覚して、それに従っていれば自然と軸ができて、やりたいことの輪郭が見えてくるさ。硬貨の裏と表がセットなように、表が出現した瞬間、同時に裏も出現するんだよ」

「このまま休んでいてもいいのかな」

「何もかもすべてをやめて休みたくなるとき、それは何かが生まれる瞬間なんだ」

「でも、前に進むためには自分を変えないとでしょう?」

「変えるのは小さなことからでいいのさ。変えるというのは、今までやったことのない選択をするということ。ここでいったん休もうとする自分を許すっていうのも、今までやったことのないことだろう?」

「許せれば前に進めるって、おばあちゃん、前にも言ってたよね」

「あぁそうさ、よく覚えていたね。**前に進むことに勇気はいらないんだよ**」

「どういうこと？」

「じゃあお前さん、一歩前に進んでごらん？」

おばあちゃんに言われるとおり、足を動かして一歩前に進んだ。

「今、前に進むために勇気は必要だったかい？」

「ううん、簡単だった。脳が前に進むことを許可しただけ」

「これと同じこと。**前に進みたいとき、それを否定しなければ自然と前に進むのさ**」

「それは進んだ先がしっかり見えて安全だってわかっているからできるんだよ。でも未来は見えないから進むのが怖くなる」

おばあちゃんは目を上に向けて、少し考えるような仕草をしてからまた喋りだした。

「お前さんさっきのタクシーについてたあれ、見たかい？」

そう言いながら指で四角を描くジェスチャーをした。

「えぇっと……カーナビのこと？」

「人生ってのはあんな感じだよ。**お前さんがこうなりたいって一度目的地を決めたら止まろうが何しようが必ずそこに辿り着くようになっている。たとえ道を逸れて遠回りしたとしても、そのときはそのときでまた道が出てきて、目的地は変わらないんだ。**だからそんなに怖がる必要もない。お前さんは安心して、導かれるように生きていたらいいのさ」

「右に行くか左に行くか迷ったときはどうなるの？」

「だからどっち行ったって一緒さ」

「そんなことないよ。決断して、一つに絞ったあとに、失敗するときもあるじゃん」

「じゃあ、失敗しないように悩んで、右に行っちゃだめ、左に行っちゃだめ、って否定ばかりしていたらどうなる？　動けなくなっちまうだろう？　右に行ってもいい、左に行ってもいいって両方の道を肯定したら、どちらかに進むことができるのさ」

「そういう生き方って怖くないの？」

「怖がったっていい、怖がらなくたっていい。どっちでもいいんだ。何が起きても、何を感じても、どんなときもいつでも自分を許してあげないと進まないよ」

「そうだね……」

今まで休んでいても心はまったく休まってなかった。いつも先の見えない不安に襲われて、今この瞬間を必死で耐えて乗り越えようと思って生きてきた。

「今というこの瞬間は乗り越えなくてはならない壁なんかじゃないよ」

おばあちゃんが言った。

「高いところから自分を見下ろしてみてごらん。お前さんの前には壁なんかない。壁は自分がつくり出した幻想にしか過ぎないよ」

「うん……」

「動くときはいつも手前しか見えなくなるから不安になる。でも、これでいいんだって進み続けていれば必ずどこかにつながるさ」

今いるところから目的地が見えなくても道は続いている。そこで立ち止まっても道筋が消えるわけじゃないし、目的地が変わるわけでもない。どこにいたって私の足元には道がある。そのとき、行き止まりだと思っていた真っ暗な眼前に、ほっと一条の光が見えたように少しだけ気持ちが楽になった。

「……って、ちょっと待って。もしかしてさっきのタクシー、道に迷ってたの!?」

「急いで近道しようとしたら道に迷っちまったみたいだよ」

「気づいてたなら言ってよ!」

「お前さんみたいに考えてばかりいると道に迷っていても気づかないんだね

え」

「あーもう、お金ないのにぃ」

「貧乏なくせしてタクシーなんて乗るからだよ」

「前途多難だなぁ」

「大丈夫、お前さんはちゃんと進んでいるよ。方向は変わっていない、ただ速度が変わっただけさ」

動き続けることだけが変化じゃない。幼虫が蛹（さなぎ）になって動きを止めても成長が止まるわけではないように、目には見えなくても毎日少しずつ確実に変化している。殻にこもって動き出せなくなっているときも、内側がどろどろとした汚いものに塗（まみ）れているときも変化している最中で、しっかりと自分の道を進んでいるのだ。

私は雨に濡れて真っ黒になった地面を力強く踏みしめて、また歩き始めた。

第２章

3 いのちは一人だけのものじゃない

死者の最後の願い

しばらく無言のまま地面を見つめて歩いていると、傘の下から見える視界の先に人物らしきものをみつけた。はっきり見ようと近づくと、小学校に上がりたてくらいの女の子がランドセルを背負って地面にしゃがみこんだ姿勢のままその場からじっと動かない。

「おばあちゃん、あれ」

私は指さして言った。

「どうしたのかねぇ。話しかけてみるかい？」

おばあちゃんの言葉に頷いて、その女の子のもとに駆け寄った。

「大丈夫？　どうかしたの？」

女の子が私の声にビクッと反応した。顔を上げるとすぐさま頬を真っ赤にしてポロポロと涙をこぼして泣き出した。

「ママがっ！　ママが!!　うわぁぁぁぁん!!!」

「えぇぇぇ、ちょ、ちょっ、ちょっと待って」

子どもの扱いに慣れてない私は急に泣かれて動揺しておばあちゃんに助けを求めた。慌てふためく私を見るに見かねて、おばあちゃんが女の子に話しかけた。

「ほらほら、もう大丈夫だよ。お前さん、なんて名前なんだい？」

「……メイちゃん」

ヒクヒクと泣きながら答える女の子の頭を撫でておばあちゃんは質問を続ける。

「ほらメイちゃん、お母さんはどこにいるんだい？」

その質問に答えるように女の子は鼻をすすって立ち上がり、おばあちゃんの手を引いてとぼとぼと歩き出した。

おばあちゃんがいてよかった、と安堵してぼうっとしていると前を歩くおばあちゃんに手招きされ、我に返って二人の後ろ姿を追いかけた。


女の子に導かれてついていくと、住宅街の中へ入っていった。直進方向には十字路がいくつも見えてきて、停止線の先の曲がり角のところに地味な服装でやつれた表情の女性が、立ったまま放心状態で泣いているのが見えた。

「ママ」

女の子が視線の先の女性を指さして言った。

女性の足元にはたくさんの花束やジュースと一緒にぬいぐるみが添えられている。

それを見て、私の隣にいるこのメイちゃんという女の子が亡くなった霊であることを悟り、どっと疲れが押し寄せて行き場のない深いため息が漏れた。

どうやら私は昨日から霊感というものがついてしまったらしい。今までそんなものを信じる価値観なんて持ち合わせていなかったから、いきなり変わった自分の体質に心が追いつかない。どう対処していいのかわからず夢を見ているようだったが、これが現実だということを知らせて引き戻すようにメイちゃんが私の手を引っ張った。

「おばあちゃん、どうしたらいい？」

「お前さんが今日外に出たのは、これのためだったんかね」

おばあちゃんは答えになってない言葉を返してにやりと笑った。

「そんなこと言われてもぉぉ」

「ママをたすけて」

メイちゃんは涙を目に浮かべ懇願するように言った。

「お前さん、メイちゃんのお母さんに話しかけてみたらいいじゃないか」

「えぇ!? どうやって話しかければいいかわかんないよ。いきなり私はあなたの子どもの霊が見えるんですって、怪しすぎるよ」

「うーん。でもお前さんがおばあちゃんの霊をはじめに見たとき、疑うよりもまず感動しただろう? もし、もう一度、亡くなった人と会話できるならどんな方法でも試してみたいって、大切な人を亡くしたことのある人ならみんな思うんじゃないかい?」

「そうかもしれないけどさぁ……」

「それにお金をとるわけじゃないんだから、お前さんがそんなに責任を負う必要もないだろう。話しかけて断られたら、それはそれでいいじゃないか」

煮えきらない私の背中を押すように、おばあちゃんが言った。

私の隣にいるおばあちゃんとメイちゃんは霊だ。私にしか見えていない。他の人からしたら、きっと私は独り言をぶつぶつと言っている変な人に見えるに違いないだろう。急に冷静になって客観的に自分を見たら、これ以上おばあちゃんとやりとりすることは危険だと察した。弱気になっている場合じゃないと正気を取り戻し、私は腹をくくってメイちゃんのお母さんに近づいた。

「あの……すみません……」

お母さんは返事をせず、疲れきった顔で静かに振り返った。

「私、メイちゃんの知り合いなんです」

「メイの知り合い？」

「そ、そっ、そうなんです。あの、公園で出会ってよく話していたんです。その、メイちゃんが最後にお母さんに言い残したことがあるんじゃないかと思って……それを伝えたくて話しかけました」

訝（いぶか）しげな表情に緊張が走り、声を震わせながら嘘をついた。こんな下手な嘘をつくくらいならいっそ言わなければよかった、と心の中で後悔しながら、襤褸（ぼろ）を隠そうと必死に次の言葉を探した。

「そう……ですか」

意外にもお母さんは私の言葉を素直に受け止め、なにかを思い出したように
また涙を流した。溜まりに溜まっていた涙が制限を超えたように、抑えがきか
なくなった様子で身体を屈ませて、胸を押さえながら苦しそうに泣き崩れてい
る。

泣かせてしまったお母さんをこのまま放っておくわけにもいかず、私は困惑
しながら自分にできる精一杯のことを考えた。

「あの……雨も降っているし、ちょっとお茶しませんか？」

私の提案にお母さんは涙を拭って頷いた。そして近くにあった喫茶店に入っ
ていった。

沈黙の中、コーヒーを淹れるときのぷくぷくと豆が膨らむ音が静かな店内に
響き渡る。ポットから噴き上がる湯気と馥郁(ふくいく)たる香りはぬくもりのあるレトロ

な壁に当たってゆっくりと広がり、重い空気をやわらかく溶かしていった。

目の前に置かれたカップいっぱいに注がれたカプチーノの泡と、向かい合わせに座るお母さんは、少し触れただけでも溢れ出してしまいそうな緊張感をはらんでいて、私は黙ってそれを見つめたまま、慎重に言葉を選ぶ。

「初対面なのにこんなに泣いちゃって、ごめんなさいね」

黙り込んでいる私を気遣って、お母さんが力のない声で切り出した。

「あっいいえ、大丈夫です。突然のことでお母さんもまだおつらいと思います」

「ごめんなさい、本当にごめんなさい。ごめんなさい」

お母さんは俯(うつむ)いたままひたすら同じ言葉を繰り返した。この人はメイちゃんを失ってからずっと自分を責めて、それが癖になってしまったんだ、と思った。表情をほとんど変えずに涙を流すのは、たくさん泣いてきた人の証だ。

「そんなに謝らないでください。一人で抱え込むのは苦しいと思います、私でよければお話、聞かせてください」

そう言ってなぐさめると、お母さんは静かな口調でメイちゃんのことを話し始めた。

「メイが事故で亡くなってからずっとこんな感じなんです。あの日から目に映る景色すべてがモノクロになって、心が引き裂かれたまま時間が止まってしまったんです。このままじゃいけないってわかっているんですけど自分ではもうどうにもできなくて」

お母さんは目に涙を溜めて語り、それを聞きながら私もおばあちゃんが亡くなったときのことを思い出してもらい泣きしそうになった。

「今でも洗濯をしていると、たまにポケットからメイの髪飾りが出てくることがあって、その瞬間、あの日のことが蘇って頭から離れないんです。苦しそうに死んでいったメイの顔を思い出すと自分だけが生きていてはいけないような気がして。なにをしてもメイを思い出して、罪悪感と後悔が尽きません」

「そんなっ、お母さんが悪いわけじゃないですよ」

「メイが生きているうちにもっといろんなことをしてあげたらよかったのに、やってあげられなかった自分が悔しいんです。送り迎えしていたら事故も防げたのに。メイはいつもどおり家を出てそのまま逝ってしまって、私は何もできなかった」

メイちゃんはおばあちゃんの陰に隠れながら、心配そうな顔をしてお母さんのことをじっと観察している。

「事故が起きたとき、一緒にいたお友だちが3人いて、その中でメイだけが助からなかったんです。その子たちを見ると、メイがもし生きていたらと考えてしまってつらいんです。どうしてうちの子がこんな目に遭わなければならなかったんだろうって、メイのことがかわいそうで……」

その言葉にメイちゃんが首を大きく横に振った。

「ママちがうの、メイちゃんはおともだちをまもったんだよ。おともだちがいたくなるのはかわいそうだから、メイちゃんでよかったんだよ。メイちゃんはつよいもん。いたかったけど、ママがびょういんにくるまでがまんして、がんばったもん」

メイちゃんは泣きながら一生懸命訴えた。

「メイちゃんは友だち想いの子だったから、きっとその友だちをかばったのだと思います」

「お友だちの証言でもメイが助けてくれたと言っていました」

お母さんの言葉を聞いて、メイちゃんとあの世で出会った四人を重ね合わせた。きっとあの四人と同じように、メイちゃんの人生にも意味があったはずだ。メイちゃんは大切な人を守るという人生を選んで、その想いを果たすためにいのちを捧げたのだと思った。

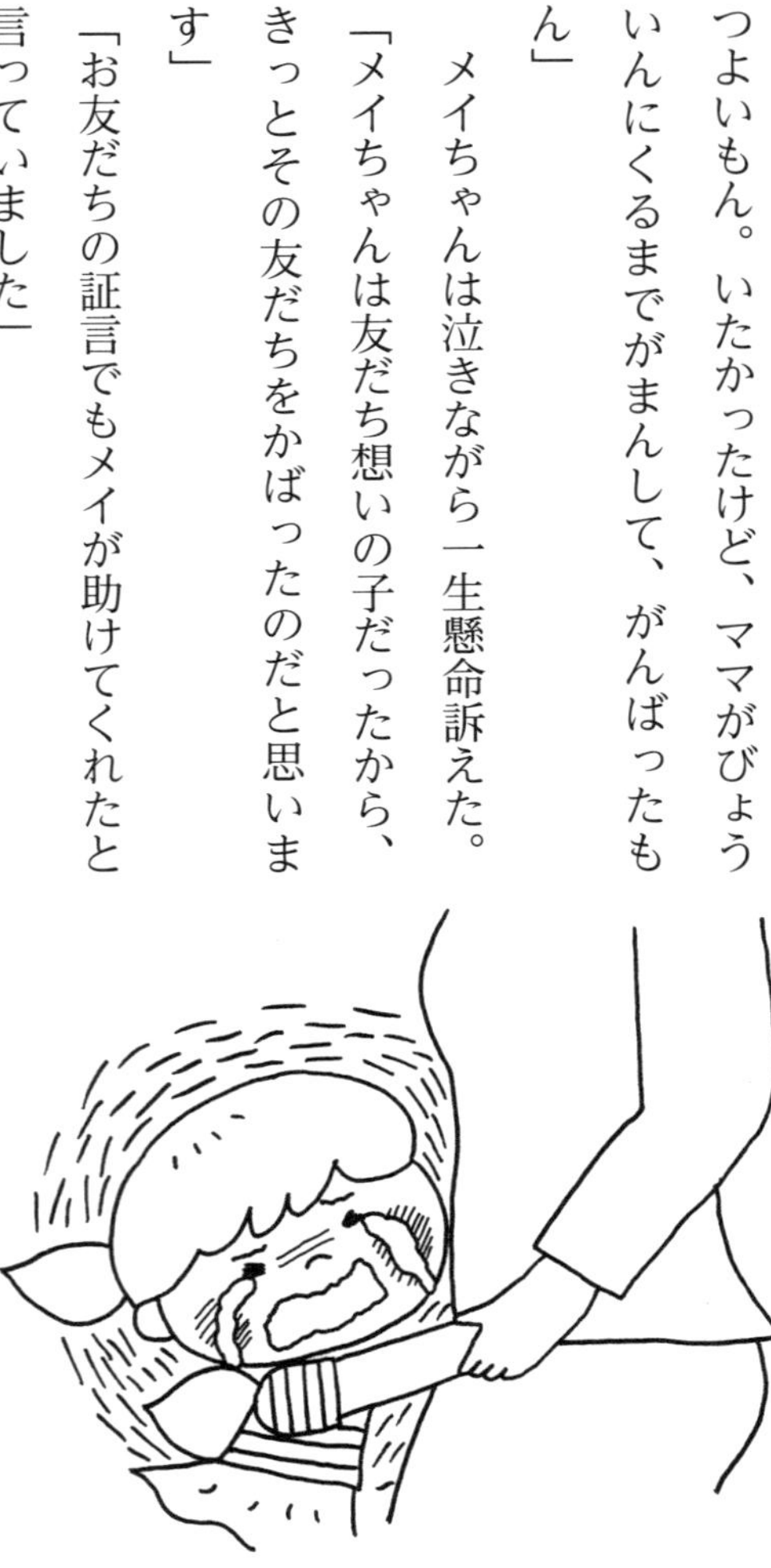

「あんなに小さいのに、メイちゃんは優しくて誰よりも強い子です。メイちゃんの人生は短かったけど、最期までお母さんと友だちのことを想い、自分の意思を貫いたんです」

メイちゃんの言葉を通訳しながらお母さんの気持ちも伝わり、両者の想いに板挟みになって胸が痛く締めつけられた。

「メイは強い子なのに、私はこんなに弱くなってしまって……。巻き込んだトラックの運転手との裁判もまだ終わってないのに、こんな弱気じゃだめですよね。メイのためにも勝たなきゃいけないし、もっとしっかりして、がんばらなければいけないのに……」

「ママ、もうがんばらなくていいよ」

お母さんに返したメイちゃんの言葉に驚き、思わず振り向いてしまった。

「メイちゃんね、プールならってたの。ママはおしごとでいそがしいけど、まいにちつれてってくれてたの。いっかいだけね、ママきょうはがんばれないっていって、ズルやすみしたことがあるの。メイちゃんはそのひがいちばんうれしかった。メイちゃんはママががんばってなにかしてくれるのよりも、ママがむりしてないのがうれしいの」

　メイちゃんは照れ隠しのように手をぶらぶらと横に振りながら喋り続けた。

「ママもうなかないで。ママがないてるのみたくない。くるしそうなママはもうやだ。メイちゃんがしんでからママはいつもかなしいおかおで、メイちゃんもかなしい。メイちゃんは、にこにこしてるママがすきなの」

　メイちゃんの気持ちが乗り移ったように私は一瞬記憶がなくなって、降りてくる言葉のまま口が勝手に動いた。ハッと我に返って前を見ると、お母さんは両手で顔を押さえて俯き、肩を震わせながら声を殺して泣いていた。

「ママ、わらって」

　そう言ってメイちゃんはお母さんのもとに行き、腰元にぎゅっと抱きついた。

本当だったらこの姿をお母さんに伝えたかった。お母さんにこの姿が見えたら、どれほど救われるだろうと考えてせつなくなった。

「メイちゃんはお母さんのことが大好きだから、今もずっとそばにいると思います。なので、メイちゃんのためにも笑ってあげてください。メイちゃんが望んでいるのはお母さんの笑顔です」

「そうですね、あの日からずっと笑っていませんでした。でもメイを安心させるためにも、もっと笑っていなきゃだめですよね」

天を仰いで悔しさに耐えるお母さんを見て、私は強く目をつむって涙をのんだ。

「悲しい出来事に対するいちばんの復讐は、幸せになることです」

「メイは、幸せだったのでしょうか」

お母さんが泣きながら言った。

「メイちゃんは、お母さんの中に生き続けています。メイちゃんの人生を不幸にするのも、幸せにするのも、これからのお母さん次第ですよ」

「……わかりました。メイのぶんまでたくさん笑って、幸せになります」

そのとき、ふっとお母さんの顔がほころび、涙で濡れた顔が花のように美しい表情に変わった。

メイちゃんはお母さんの表情の変化を見て深く頷き、やっと笑顔を取り戻した。

「メイ……ごめんね。ありがとう」

お母さんはなにかを察知して自分の腰元をさすりながら言った。

「メイちゃんはママのこどもでよかった。また、ママとパパのところにうまれてくるよ」

メイちゃんの純真な心に胸がいっぱいになって、言葉を詰まらせながらお母さんに伝えた。

「ママ、だいすき」

最後にそう言い残して、気がつくとメイちゃんの姿は消えていた。

喫茶店のドアを開け外に出ると、雨はやんでいて夕方に差しかかろうとしていた。橙色に染まった空には淡い虹がかかっていて、メイちゃんからのメッセージのように思えた。

「わぁ、きれい」

空を見上げるお母さんの顔は夕陽に照らされ、金色に輝いて見えた。

「きっとメイちゃんも喜んでいますよ」

私の言葉にお母さんが微笑みで返し、何かの決心がついたように大きく深呼吸をした。

「本当にありがとうございました」

お母さんが頭を下げて言った。

「いいえこちらこそ、コーヒーごちそうさまでした」

「あなたに会えてよかった。あなたと話しているとき、なんだかメイと話しているような気がして、懐かしくてうれしかったです。メイに会いたいという夢をあなたが叶えてくれました」

えっ、と口を開けてびっくりしている私の手をお母さんが握った。華奢（きゃしゃ）で透き通った肌のお母さんの手から優しいぬくもりを感じ、この手に抱かれて旅立っていったメイちゃんの姿を想像した。

「ありがとう」

そう言ってお母さんはもう一度深くお辞儀をしてまっすぐ歩いていった。その姿が見えなくなるまで、私はエールを送るように手を振って見送った。

うしろを振り返るとおばあちゃんが手でグーサインをつくり、誇らしげに満面の笑みでこちらを見ていた。

「これでよかったんだ」

呟いてからもう一度空を見上げた。雨が降って浄化されたあとの世界はあらゆるものがくっきりと見えて、空気が気持ちよかった。

隣に来たおばあちゃんが私の肩をとんとんと軽く叩き、頷きで応えると、一緒に歩き出した。


「お前さん、いいことしたじゃないか！」

おばあちゃんが私の顔を覗（のぞ）きながら言った。

「そ、そうでもないよ」

私ははにかみを隠しながら、小さな喜びに浸っていた。

「そうかい？　その割には今朝とは打って変わって、清々（すがすが）しい顔をしているじゃないか」

にこにこした顔で冷やかしてくるおばあちゃんを見てこらえきれず、私は笑った。きゅっと上がった頬を気持ちのいい風が撫で、それに従うように口を開けて空気を胸いっぱいに吸って吐いた。

「私、誰かに本気でありがとうって言われたのは久しぶりなんだ」

「有り難いって、いのちのことだからねぇ」

「どういう意味？」

「考えてごらん」

言葉の意味を理解しようと目を落とすと、道路に落ちていたビンの蓋（ふた）が目についた。見つめているとおばあちゃんがそれを拾い、指先で弄（いじ）りながらまた口を開いた。

「お前さんのいのちはね、誰かが落としたものを拾ってあげるだけでも、ありがとうと言われる価値あるいのちなんだ。夜中にかかってきた電話に出てあげるだけでも、ありがとうと感謝される尊いいのち。生きているだけで、たくさんの奇跡を起こしているいのちなんだ」

「うん……」

「そんな大切ないのちを、傷つけたり、粗末に扱われたときは、大声あげて怒ったっていいのさ。泣きわめいて助けを求めたっていい。お前さんのいのちは、お前さん一人だけのもんじゃないんだ」

おばあちゃんは私の手をとり、ビンの蓋を手のひらに乗せた。

「お前さんのいのちは誰かが願ったいのちなんだ。家族や、その前の人たち、いろんな想いがバトンとなって渡されて受け継いだ大切ないのち。ただそこにいるだけで、誰かが願った一日を生きているんだ」

「その人たちの想いを無駄にしちゃいけないね」

おばあちゃんの話を聞きながら、メイちゃんのことやあの世で出会った４人のことを想った。

「その人たちが今のお前さんを見たらなんて言うだろうか。幸せになれ、なんて言うだろうか。その人たちはお前さんにがんばれとか、しっかりしろとか、何かをしてくれなんてこれっぽっちも思っていないはずさ。**ただただ、お前さんが笑ってくれたら、それだけでいいんだよ**」

そう言っておばあちゃんはそっと静かに私の手を握った。おばあちゃんの肉厚な手のひらから伝わる熱が私の胸まで届いて強烈に心を温めた。

「お前さんが思うよりも世界は、お前さんのことを想ってできているんだよ」

ずしんと言葉が響いて、私は心の奥から揺り動かされるような気持ちになった。

自分だけのいのちじゃないのに、私は何を一人で背負ってきていたんだろう。すべてを肯定されているこの広い宇宙で、私は勝手に枷(かせ)をはめて、狭い檻の中に自分を縛りつけていたんだ。世界はこんなにも愛で溢れているのに。

信号を待っているとき、私はおばあちゃんから受け取ったビンの蓋をポケットにしまった。その間おばあちゃんは、街路に沿って植えられた樹木を眺めていた。

「お前さんのいのちが誰かに願われたいのちのように、この目の前にある木も、大元となる木があって受け継がれたいのちなんだ。そして誰かがそこに木があることを望んで植えられた日があったから、今ここに、木があるんだよ」

「この木も、私が今まで出会ってきた人も全部、誰かに願われたいのちなんだね」

「あぁ、そうさ。**この世に存在するすべてのものには、誰かの夢が宿っているのさ**」

樹木は喜びの記念に植えられたのか、悲しみとの決別で植えられたのか、はたまたいくつもの衝突を経て植えられたものなのか、そのときのことはわからないけど、今もこうして私たちの心を癒やし季節を知らせてくれている。

この木を植えた人の想いも、メイちゃんやあの世で出会った４人のたましいも、私の中に生き続けている。私の一日は彼らが生きたいと願った一日だ。誰かが死んで、その隣で誰かが生まれ変わる一日。誰かの忘れ形見を受け継いだ大切な一日なのだ。彼らのために私ができることは、せめてこの想いを忘れずに、一日でも多く、いのちの続きを生きて届けることくらいだと思った。笑えていた日、安堵していた日、そんな一日が彼らにもあったことを願いながら、祈りを込めるように生きていこうと、私は自分の心に固く誓った。

彼らの夢が私の中に生きているのと同時に、私もまた、彼らの夢の中を生きている。私が立っているここは彼らが思い描いた夢の中で、今もきっと誰かが見ている。この私を、この夢を。私自身の存在が、夢そのものなのだ。ちっぽけだと思っていた自分のいのちがたくさんの光のかけらを乗せて輝く大いなる力に感じられて、いのちが眩(まぶ)しかった。

第2章

4 大切なものは変わらない

さよならのとき

ずいぶんと歩いて街並みが繁華街に変わりかけたとき、ようやく駅が見えてきた。あたりはすっかり暗くなって、美しい夕暮れが街全体を染め上げている。

「おばあちゃん、駅が見えたよ！　やっと家に帰れるよ！」

長い一日がやっと終わるように思えて、自然と顔から笑みがこぼれた。

黙ったまま反応がないので振り返ると、おばあちゃんはものすごく悲しい顔をしていた。

「どうしたの？」

嫌な予感がして、怯(おび)えるようにおばあちゃんの腕を摑んで聞いた。

「このままずっとお前さんと一緒にいたいんだがね、おばあちゃんはそろそろ元の世界に戻らなきゃいけないんだ」

「だめっ、帰さない」

腕を摑む力が強くなって、涙が頰をつたって地面に落ちた。

おばあちゃんがいなくなることなんてもう考えたくなかった。おばあちゃんと離れたら、やっと取り戻した希望が消えていくようで、怖くて怖くてたまらなくなった。もうこれ以上、大切なものを失いたくない。

「おばあちゃんどこにも行かないで、一人にしないで」

「おばあちゃんと離れたら、お前さんはもう霊の姿を見ることはなくなるんだよ」

「やだっ、絶対にやだ。このままずっとそばにいてよ」

「そうは言われても、あんまり長居しちゃいけない約束になっているんだよ」

「そんなの知らないよ!!」

悲しみは怒りとなって大声で泣き叫んだ。

おばあちゃんと離れたくない。おばあちゃんがいなくなったら私はどうしたらいいのかわからない。

「おばあちゃんもっと教えてよ。お願い、どんなことでもするから……お願いだから……行かないで………」

涙でぐちゃぐちゃになった顔をおばあちゃんの胸にうずめて、離さないようしがみついた。私は子どものように泣きじゃくり、それを見たおばあちゃんは目を潤ませて精一杯の笑顔をつくった。

「お前さんはもう大丈夫さ」

「全然大丈夫なんかじゃないよ！　私はこんなにも脆(もろ)くて弱くて、一人じゃ何もできないよ!!」

「お前さんって子はまったく……もう…」

おばあちゃんの目からほろっと一粒の涙がこぼれた。

「おばあちゃん……」

そのとき、おばあちゃんは初めて私の前で涙を流した。

「お前さんは弱虫だからすぐに泣くし、すぐに拗ねるし、抜けているところもあるから心配になるよ。おばあちゃんはお前さんを育てる時に少し甘やかしすぎてしまったのかもしれないね。でもね、そんなお前さんだからこそ、可愛くてしかたなかったのさ」

目を赤くして話すおばあちゃんを見て、幼い頃から今日までのおばあちゃんとの思い出が脳裏に蘇った。

家族と離れてさみしさを抱えていた私を、笑顔で迎えてくれたおばあちゃん。おばちゃんは自分のことより何よりも私のことを優先してくれた。きつく当たってしまった日も、おばあちゃんはずっとそばにいてくれた。嫌なことや悲しいことがあった日も、おばあちゃんは温かくなぐさめてくれた。実家に帰ってお母さんとケンカした時も、心配して迎えに来てくれて、おばあちゃんだけは絶対に私の味方でいてくれた。

こんなどうしようもない私に、おばあちゃんはいつも優しかった。

「おばあちゃん、私、弱虫でごめんね」

「お前さんが弱虫だったおかげで、おばあちゃんは強くなれたのさ。**強さは限りなく弱さに近いもんだ。そして弱さはちょっとしたきっかけで強さに変わることができる。人はね、簡単に変わってしまうんだよ**」

「うん」

「**この世のあらゆる物事は変化し続ける。生きていると色んなものが変わってしまうんだ。それはすべて良いほうに、自然と変わっていく流れがあるんだ。でもね、変わらなくていいものは変わらない。大切なものはいつまでもずっと変わらないんだよ**」

月日が流れても、おばあちゃんと過ごしたことは色褪せることなく鮮明に覚えている。私にとってかけがえのない大切な時間だった。

私は黙ったまま呼吸もできないほど苦しく、ただひたすらに泣いた。

「ごめんね。お前さんをこんなに悲しませちゃって。おばあちゃんを許しておくれ」

おばあちゃんも前に進まなきゃいけない。最後くらいしっかりとした姿で見送らなきゃいけないのに、泣いちゃいけないと思えば思うほど、涙も声もとめどなく溢れた。

「求めているものは外ではなく、いつも自分の中にあるんだ。大切なものは変わらず、目には見えなくてもしっかりとお前さんの中にある」

おばあちゃんは私の顔を両手で優しく包み、親指で頬を撫でながら涙を拭いてくれた。

「お前さんは世界一幸せなおばあちゃんの孫だよ。一人でさみしく生きていたおばあちゃんにこの世でたった一人、生きる意味を与えてくれた大切な孫なんだ。お前さんは、おばあちゃんの宝物なんだよ。おばあちゃんは、このお前さんがいいんだ。だからどうか、そのままでいておくれ」

言いたいことは山ほどあるのに、うまく言葉にできない。伝えたい思いが溢れかえってどうしようもなく胸を締めつけ、おばあちゃんに抱きついた。頼りない私の身体をおばあちゃんが強く抱きしめ、沁みるような体温が涙をそっとあたためていった。

「おばあちゃんはお前さんを決して一人にはしないよ。心で見てくれたら、いつでもそばにいる。思いはつながるんだ」

おばあちゃんの身体はまるでふっくらと干したバスタオルみたいにやわらかかった。そのやわらかさはゆっくりと溶けていくようで、周囲を取り囲むきらきらとした光が別れのときを静かに知らせた。逆らうことのできない運命の儚(はかな)さを受け止め、悲しみが悲しみで終わらぬように、私はせめて最後に力いっぱい振り絞って笑ってみせた。

私はおばあちゃんに出会えてよかった。この人生を選んでよかった。

「おばあちゃん、大好き。これからも、ずっと……ずっと」

第2章

5 あなたに間違いはない

4月23日、昼下がり

気がつくと私はいつもの定位置にあるベッドの隅っこで、身体を窮屈に丸めて涙を流したまま眠っていた。手にはほのかにおばあちゃんのぬくもりが残っていて、目を落とすと服装は昨日のまま、窓から差し込む陽の光は明るくて、時間が止まったような感覚になった。

「今、何時？」

独り言で喋った声が静まりかえった部屋の中に響く。

13時24分　4月23日　金曜日

時計を見ても寝ぼけているのかと思い、眠気の残った身体で靴を履いてそのまま外に出た。外の景色はいつもと同じで、おばあちゃんが現れる前からなにも変わっていなかった。空は純度の高い青さで、奔放に伸びて広がる雲はどこまでも続き、永遠に届かない距離で、永遠に変わらない神聖さを見せている。

「なんだか、よく喋る夢だったな……」

少しだけむなしくなって再び部屋に戻ろうとしたとき、去っていく私を引き留めるようにふわっと強い風が音を立てて吹いた。

――人生ってのはね、全部夢みたいなもんなんだよ。お前さんも今、ただ夢を見ているだけさ。だから失敗しても、うまくいかなくても、何も怖がる必要なんてないよ。せっかく夢を見させてもらってんだから、自分でいろいろ遊んで楽しんでいないとね。おばあちゃんはただ、その遊び方がうまいのさ。

爽やかな春の風に吹かれて、懐かしい声が届いた。

ふと、何かを思い出してポケットに手を入れると、中からビンの蓋が出てきた。それは太陽の光を反射してきらっと光り、おばあちゃんの銀歯みたいだった。

「おばあちゃん、またすごい遊びをしていったね」

私は笑って身体を伸ばした。うぅん、と小さくうなって身体を元に戻すと、何かがゆるんだように気楽になって、今なら少しだけ実家に帰ってもいいかなと思った。

今日はお母さんの誕生日だから、お母さんとおばあちゃんに花を買っていこう。

その思いつきに賛成するように、風に乗ってジャスミンのいい香りがした。アパートのフェンスに咲いたジャスミンの花はところどころ茶色く枯れかけていて、ひっそりと甘く、最後のいのちを燃やしている。下にはそのいのちを引き継ぐかのようにかわいらしいスミレが生えていて、そこには美しい連鎖があった。

寒さに耐えた日々も、雨に濡れた日々も、すべての過去の姿が今、ここにしっかりと映し出されている。今この瞬間の美しさ、今この瞬間の気持ちは、今がいちばん映えるのだ。そう思うと悲しみも、怒りも、痛みも、孤独も、自分から湧き上がるすべてが大事な私の一部であり、無理に取り除こうとしなくてもいいような気がした。

どんな瞬間にも、その一瞬にしかない美しさがある。たとえどんなにつらいことがあっても、思い出すとその時代はいつでも懐かしさで輝いて見える。ソーダ水の気泡のように、小さく浮かんではすぐにはじけて消えてしまったいつかの夢たちが愛おしく思えた。

生命力が溢れたとき、現実はまぼろしに見える。

真っ白な心で見る世界は、どこからどう見ても美しかった。生き生きと降り注ぐ陽光の明るさに、潤んだ草木が濃くきらめき、風に揺らぐ花々はさざめきながら笑っている。輪郭ばかりが黒く浮かんで見えていた世界に突然色が塗られたように、目に映るすべてが鮮やかで、まばゆい輝きを放って見え、その絶対的な美しさに私はただただ降伏した。
どんな死があってもいい、どんな生き方があってもいい。
どんな悲しみがあってもいい、どんな怒りがあってもいい。
消したいものがあってもいい、消しきれなくてもいい。
私は幸せになれなくてもいい。
叶ったらすぐに消えてなくなってしまうくらいの願いなら、
叶わないまま願い続けていたい。
私はこのままでいい。
どんな自分でもいい。

「それでも絶対、悪くない」

そのとき、魔法が解けたように自由に飛ぶ蝶が目の前を通り過ぎていった。

「おばあちゃん、ここは本当に夢の中みたいだよ。こんなに素晴らしいものがあっていいのかな」

そう言って手を合わせた。この気持ちが届きますように。ありがとう、と言葉を添えて。この思いが天にも昇って、この夢を見させてくれているすべての人に伝わることを祈って。

そして私はまた歩きはじめた。夢の中を、たしかな足取りで。

世界は私を祝福している。

あとがき

この本は、目新しいことやいいことが伝えられなくても、誰かが抱えているものが少しでも軽くなったらいいなと思って、その人のことを想いながら、淘汰されてしまった思い出に花を添えるような気持ちで、祈りを捧げながら書いた本です。

この世界には「あなた」が不可欠で、「あなた」という視点からでしか見ることができません。しかし、視点を少し変えてあなたを「そこ」からを見たら、見えていなかった世界が見えてくると思います。

「あの世」からこの世を見たら……

「亡くなった人」からあなたを見たら……

今いる世界、今のあなたはまた違って見えてくるでしょう。

「あなた」という制限が消えたとき、見えていなかった壁の向こう側の世界が現れます。自分にとって不幸に思える出来事が起きたとして、それはどこからどう見ても、本当に不幸な出来事なのでしょうか？　ただ起きただけの出来事に対して不幸と決めつけているのは「あなた」だけなのかもしれません。別の視点から見たら実は見えていなかった幸せがあるはずです。本当はこの世界には悪も苦しみもなくて、つくり出しているのは全部自分なのです。

私は人生に善・悪はないと思います。善いと観測する人、悪いと観測する人がいるだけです。誰かがあなたの人生を悪いとみなしたときだって、それも相手が、相手の制限ある中であなたを見て言っただけです。あなたの人生が本当に悪いという証拠はどこにもありません。

弱くても、歪でも、それでも私から見たあなたはいつだってきれいです。

私はただ、あなたのことを全力で肯定したかった。それを書くことで達成できて私は本当に幸せです。

この本では「転生」のことも書きましたが、この概念を初めて知ったとき、頭の中に真っ先に浮かんだのは、理不尽な境遇でこの世を旅立っていった人たちの顔でした。必然という言葉だけで片づけられることに納得できなくて、その悔しさを自分の力で変えたいと思って真っ正面から向き合いました。

悔しいと思うことも、私の制限のある中で見ているから湧く感情なだけであって、その人たちからしたらきっと自分が選んだ通りに全うして自分の人生に満足しているはずです。その人生にも美しい想いや、大切な経験と感動があったと思います。どんな人生も絶対にいい。この信念は私の中で絶対に変わりません。

生きていると色んなことがありますが、あなたが生きているのと同じように、あらゆる物ごとは生き物で、変化し続け、その一瞬一瞬に輝きが宿っています。すべてが今日につながっていて、一つでも欠けていたら今日のあなたはいません。そして今日のあなたがいるから明日のあなたがあるのです。

だから今日のあなたは絶対に無駄なんかじゃありません。おばあちゃんの言葉を借りるなら、「思いはつながる」です。きっと、あなたが今抱えている疑問も苦しみも、いつかはつながってわかる日が来ると思います。だって「人生は必ず、いいほうに進んでいる」のですから。

大事なものは弱く、透明で目には見えなくて、でもしっかりとあなたの中にあります。

だからどうか、進むことを諦めないでください。

あなたがいない世界はぜんぜん楽しくない。

あなたの夢は私の夢です。

あー！　生きていてよかった!!

と思えるその日まで。

いつかまた、夢の中で。

ＣＨＩＥ

CHIE（ちえ）

14歳のときに交通事故の影響で記憶障害を経験し、その頃から人のオーラや目に見えない世界を見るようになる。大学在学中に「スピリチュアル女子大生」として、多数メディアに出演。公式 LINE アカウントは登録者数 49万人を超え、自身が主催するトークショーは毎回数分で満席になるなど、独自の視点から語られるCHIE の人生観と世界観は多くの人に支持され、活動の場を広げている。「自分の言葉で誰かの気持ちが少しラクになれたら」の思いを胸に、今日も誰かの心に寄り添っている。夢は世界一世話好きなかわいいおばあちゃんになること。

公式ブログ https://ameblo.jp/chie-sp-we/
公式LINEブログ https://lineblog.me/chie_we/
公式Twitter @cico1220

のぶみ

1978年、東京都生まれ。絵本作家。『ぼく、仮面ライダーになる！』シリーズや『うんこちゃん』など、200冊以上の絵本を発表。2015年刊の『ママがおばけになっちゃった！』が 60万部を超えるベストセラーになり話題に。続く『このママにきーめた！』もベストセラーに。また NHK「おかあさんといっしょ」では「よわむしモンスターズ」を、NHK「みいつけた！」では「おててえほん」のアニメーションを担当。Facebook、Twitter で積極的に情報を発信中。

この世界の私をそこから見たら

2017年 9 月13日　第1刷発行
2017年11月 8 日　第4刷発行

著者　CHIE

発行者　鈴木 哲
発行所　株式会社 講談社
〒112-8001　東京都文京区音羽2-12-21
電話　編集 03-5395-3527
販売 03-5395-3606
業務 03-5395-3615

製版・印刷所　慶昌堂印刷株式会社
製本所　株式会社国宝社

ISBN978-4-06-220764-5